君か、君以外か。

君へ贈るローランドの言葉

ROLAND

KADOKAWA

君か、君以外か。

君へ贈るローランドの言葉

ROLAND

プロローグ

この本を手に取ってくれた貴方《あなた》は、どんな人なのだろう。

男性？　それとも女性？　年齢は？　職業は？

まあ、なんでもよい。世の中には結局、二種類の人間しかいないのだから。

俺を好きな者、そしてこれから俺を好きになる者。

そんな二種類のうちのどちらかである貴方に、この本を手に取ってくれた感謝を伝えたい。ありがとうございます。


この本は、俺が世界を少しでも明るくしたいと思って書いた本だ。

貴方が落ち込んだとき、嫌になるぐらい貴方を励まして、貴方が落ち込んだとき、うんざりするほど貴方を肯定し、頑張る貴方の成功を暑苦しすぎるほど応援する。

そんな本になってほしい。そう願って書いた。

この本一冊で世界を明るくするなんて、また馬鹿げたことを！

そう笑うかもしれないが、**俺は「言葉の力」を信じている。**

時に、どんな医者でも治せぬ病を治せるのが**「言葉」**だ。

そして、どんな兵器より人を傷つけるのもまた、実は**「言葉」**だったりする。

だから俺は、**「言葉で世界を変えることだってできる」と信じているん**だ。

現に、俺の初の著書『俺か、俺以外か。ローランドという生き方』は、世界累計発行部数30万部を突破した。もちろん、軽くこれくらいは想定していたが、それでも素直に嬉《うれ》しいことだ。

「あの本を読んで、頑張れました！」

「つらいときに貴方の本を読んで、前向きになれました！」

そんな**「言葉」**を、数え切れないほどいただいた。

また、テレビで見ていたようなトップアスリート達や芸能人、海の向こうの人達までもが、俺の本を読み、共感してくれた。

その本で得た印税を寄付して多くの人を救えたし、海外に学校を作ることもできた。
改めて、**「言葉の持つ力」**を再認識させられた出来事だ。
俺が考えていたことは、間違いじゃなかった。そう確信した。

これからも俺は、俺にしかできない方法で、世界を明るくしてみせる。
太陽の寿命は、約１００億年と言われている。
だが、**俺の言葉は永遠に不滅だ。**
俺の言葉がある限り、世界は永遠に明るい。
日焼け止めでも塗りながら、この本を楽しんでくれ。
とまあ、今のはジョークも込みだが。

世界が、そしてなによりこれを読む貴方自身が、この本のどれか一言でもいい。

俺の言葉で少しでも明るくなってくれるのならば、物書きの端くれとしてこんなに幸せなことはない。

ROLAND

君か、君以外か。

君へ贈るローランドの言葉

目次

Contents

第2章 ローランド流 仕事論

ROLAND's business formula

第3章

ROLAND's theory to be at the top

ローランド流　トップの在り方　85

第4章

ローランド流 ミニマリズム ROLAND's minimalism 111

第5章 ローランド流　デジタルデトックス　145

ROLAND's digital detox

第6章 ローランド　俺の生き方　171

ROLAND's own way of life

第1章

ローランド流
ポジティブシンキング

ROLAND's positive thinking

ROLAND's
positive thinking

1

「自分の人生、自分が主役だ」

君の人生は、ひとつの映画だ。

そして、その映画の主役を演じるのは、いつだって君だ。

だが世の中を見渡すと、「僕なんて……」「私なんて……」そんなことを言いながら、自分の人生をエキストラのように生きている人達がたくさんいる。

「親がこう言っているから……」

「先生がこう言っているから……」

「世間がこう言っているから……」

そんなことを言いながら、やりたいことも夢も全部諦《あきら》め、ただなんとなく、死んだように生きているような人がたくさんいる。


実にもったいない！


自分の人生の主役は、親でも先生でも世間でもない。

自分より可愛《かわい》い人でも、頭がいい人でも、運動神経がいい人でもない。


自分だ。

周りがなんと言おうが、関係ない。

たとえ小さな映画作品だったとしても、途中でセリフを間違えたとしても、最後まで主役を演じ切るんだ。

人生という映画において最も恥《は》ずべきことは、セリフを間違えることでも、演技が下手なことでもない。

誰かに主役を譲《ゆず》り渡し、脇役として生きるという選択を受け入れることだ。

だから俺は、何があっても人生の主役は譲らない。

どれだけセリフを間違えたとしても、アクション中に骨折したとしても、どんなスーパースターが俺に「主役を譲れよ」と言ってきたとしても、だ。

まあその度胸だけは評価して、そいつはエンドロールのクレジット表記で少しだけ大きく名前を入れてあげてもいいけれど。

もちろん、「エキストラ一覧」の部分にね。

この本のタイトルにもあるように、**世の中には二種類の人間しかいない。**

君か、君以外か。

かく言う俺も、君の人生においては、君を引き立たせる脇役のひとりに過ぎない。

一度きりの人生。

君が、自分の人生の主役を演じ切ってくれることを、俺は願っている。

ROLAND's
positive thinking

2

「才能がないことも、ひとつの才能」

自分で認めるのは恥ずかしいが、俺はとても調子に乗りやすい人間だ。

もし自分に少しでもホストの才能があり、初めからトントン拍子に売れていたとしたら、きっと「運転手付きの調子」にでも乗りながら、勢いで適当に仕事をし、無駄なプライドが芽生えてミスを認められず、今頃消えていただろう。


なかなか結果が出なかったからこそ、「どうやったら売れるのだろう？」と徹底的に仕事に向き合えた。

女心を読み解く力や、トークスキル、洞察力《どうさつりょく》などを磨《みが》くために、徹底的に研究し努力できた。

自分に才能がないと知っていたから、無駄なプライドが芽生えることなく、何か失敗をしたときは、まず自分が変わらないといけないのだと理解することができた。

自分だけが売れ残る中、センスのある同期や後輩達に次々と抜かれていったあの時期は、当時の俺にとって、つらく苦しいものだったが、あの時に培《つちか》ったものが、今の自分を支える基盤となってくれている。

あの苦悩の時期がなかったら、今の俺はなかった。そう断言できる。

だから今、あの時を振り返ると皮肉なことに、

「自分にはホストの才能がなくて、本当に幸運だった！」

心から、そう思えるんだ。

「才能がない」なんて、別にそんなにたいしたことじゃない。

成功と失敗を分ける、決定的要素なんかじゃないんだ。

才能がないからって諦めるのか？「たかが」そんなことで。

人は事が上手《うま》く運んでいるときに、自分を見つめ直すことはなかなかできないもの。

苦難の時期は、徹底的に今取り組んでいることに向き合い、自分を見つめ直すことができるチャンスなんだ。

その瞬間はつらいかもしれないが、悩んで試行錯誤した期間は、のちに成功するための、とても大事な財産になる。

今君が、なかなか結果が出せず、そんな才能のない自分を後ろめたく感じているのなら、
才能がないことも、一個の才能だと知ってほしい。

さあ、努力で才能をぶっ倒そう。
そして、数年後にこう言ってやるのさ。

ああ！　私は才能がなくて、なんてラッキーだったんだろう！

とね！

ROLAND's
positive thinking

3

「裏口だって煙突だって、
実は入口は
たくさんあるものだ」

どうしても働きたいレストランがあるとしよう。

履歴書を持って面接に行き、「残念ながら、君はうちでは不採用だ」と言われてしまったら、君ならどうするだろう……。

大半の人は、ここで諦める。

だけど俺なら、財布を持たずに、このレストランに食事をしに行くことだろう。

なにも、面接に落とされた腹いせをしに行くわけではない。

無銭飲食で捕《つか》まるかもしれないが、もしかしたら、皿洗いでなんとか勘弁してくれないかと必死に懇願《こんがん》すれば、キッチンに入れてもらえるかもしれない。

そこで皿洗いを正確にスピーディーにやって見せたら、もしかしたら見習いとして使ってくれるかもしれない。

これは極端な例かもしれないが、**リスクを背負ってでも、その僅《わず》かな可能性に賭《か》けてみたい**んだ。

本当に掴《つか》みたいものだったら、簡単には諦めたくないから。

正門から入れなかったからと言って、お行儀よく諦める人は多い。

だが、裏口だって煙突だって、実は探せば入口はたくさんあるものだ。

諦めの悪さや、少しのずる賢さが、実は成功のカギだったりすることはよくある。

とある著者は、初めての自著の「カバー」について編集者と口論になった。

その著者は絶対にモノトーンのシンプルなものがいいと主張したが、編集側は、初の著書でそんな地味なものは絶対に売れないと断言し、水色背景の仰々《ぎょうぎょう》しい写真のカバー案を提示した。

「我々には長年の経験と知識があります。貴方は今までに本を書かれたことはないでしょう？」と。

それを受けて、著者は言った。

「だったら俺は、出版自体をやめます。貴方達は永久に、俺を失った出版社と呼ばれたらいいんだ！」

もうおわかりだろう、こんな大人気ないことを言う著者に、編集者が根負けした結果、できあがったのが、かの有名なローランドの初の著書『俺か、俺以外か。ローランドという生き方』だ（笑）。結果は皆さん知ってのとおり。

２０１９年、俺の経営するホストクラブで年間ナンバーワンを獲得《かくとく》したホストは、俺が面接時に「君にはなんの才能も感じないから、早く帰ってくれ」と言ったホストだった。

「雇《やと》ってくれるまで、ここを動きません！」

そう言って帰ろうとしなかったので、結局、俺が根負けした。

グラス洗いでいいならと雇ったら、そこからひたむきに血の滲《にじ》むような努力をして、のちに彼はトップホストになってくれた。


自分が絶対に曲げたくない信念があるのなら、どうしても叶《かな》えたい夢があるのなら、ちょっと冒険するのも悪くはない。成功すれば、それも美談だ。

一度や二度否定されたぐらいで、君のそのかけがえのない信念や夢を、どうか簡単に手放さないで。


諦めの悪さは、成功の始まり。

俺は君の成功を、祈っている。

ROLAND's
positive thinking

4

「緊張は成長痛だ」

最初にひとつ。

「緊張がネガティブな感情だと思っていたら、それは大間違いだ！」


大きな舞台や大切なテスト、重要な試合、などなど。

きっと、多くの人が緊張するだろう。

緊張はどちらかというと、ネガティブな感情として捉《とら》えられがちだ。

だけど、俺はこの緊張を**「成長痛」**と捉えている。


何か新しいことにチャレンジしていたり、今までのレベルより高いことに挑《いど》んでいたり、絶対に成功したい！　と思えているなによりの証《あかし》だ。

だとしたら、喜ぶべき感情じゃないか。

決して悪いことなんかじゃない。


緊張するのは練習が足りないからだ。気持ちが弱いからだ。

そんな指導をする人は多いが、そんなことを言われたら誰でも、緊張することが悪なんだと、緊張する自分を抑《おさ》えつけようと必死になり、緊張する自分を恥じてしまう。

子どもの頃、遠足の前夜、明日が楽しみすぎて、なかなか寝つけなかったことはなかっただろうか？

そして、早く寝なくては！　と思えば思うほどに力が入り、逆に寝られなくなってしまう。そんな経験が、誰にでもあるはずだ。

緊張も、それと同じだ。

緊張することを悪だと思い、抑え込もうとすればするほど、肩に力が入って緊張してしまう。

緊張したら、それを楽しめばいい。

緊張を受け入れればいい。

そんなポジティブ思考が、良いパフォーマンスにつながり、気づいたら緊張なんて忘れて伸び伸びと楽しめていた、なんてことは俺もよくある。

緊張しないということは、それだけタフなメンタルを持っている証でもあるが、マンネリ化し、絶対に成功したいという熱意がなくなってきた警鐘《けいしょう》である可能性も高い。

前者であればそれは素晴らしいことなのだが、後者であれば、何かを変えるタイミングなのかもしれない。

緊張することは、恥じゃない。

その胸の痛みは、成長痛だ。

その高鳴る鼓動《こどう》は、自分が成長している音だ。

緊張は君にとって、最高の成長の瞬間だ！

ROLAND's
positive thinking

5

「事故を起こさない
一番の方法は、
車を運転しないこと」

何かにチャレンジするとき、なかなか勇気がでないのなら、この言葉を贈ろう。

「車を運転するとき、事故を起こさない一番の方法は、運転をしないこと」

当たり前だが、紛《まぎ》れもない事実である。

しかし、運転をしなければ、永遠に目的地に着くことができないこともまた、残念ながら紛れもない事実なんだ。

確かに、チャレンジすることは怖い。

だけど踏《ふ》み出《だ》さなくては、絶対に目的地に着くことなんてできないんだ。

事故を起こしてしまうかもしれない。

途中でエンジンが止まってしまうかもしれない。

道に迷うかもしれない。

しかし、そんなリスクを覚悟したうえで、君がエンジンをかけ、ハンドルを握《にぎ》り、死にそうなほど怖くて不安でも、アクセルを踏み、進み出さなきゃ、何があっても、君は一生そのままだ。

君が怖いのは、よくわかる。

独立して起業したとき、俺も決断するのは本当に怖かった。

失敗したらどうしようか、毎日考えた。

それでも俺は、勇気をだしてエンジンをかけ、ハンドルを握り、アクセルを踏んだんだ。


だから、今がある。


途中で、事故もたくさん起こした。

今では笑い話だが、独立初月にホストクラブの中心スタッフが店を辞《や》めたり、会社が赤字になった月もある。

だけど、そのたびに修理をして、なんとかかんとか前進した。


踏み出して気づいたことは、**人間やればできるし、案外やってみたらどうにかなるもんだ**ってこと。

運転しながら覚えていくことだって、たくさんある。

だから、とりあえず踏み出してみないか？

この言葉は、あるテレビ番組で東京のとある女子高に行った際、生徒から「好きな男性になかなか告白できない」と相談されたときに言った一言だ。

その学校の生徒達曰《いわ》く、最近はなかなか想いを伝えられない、シャイな女の子が増えているらしい。

そんな子達には是非、この言葉を思い出してもらい、意中の人にアタックしてみてほしいものだ。

好きな人に想いを伝えるって、とても素敵なことだと俺は思うから。

大丈夫、もし君が告白に失敗したのなら、ローランドがいくらでも慰《なぐさ》めるさ。

「男なんて、星の数ほどいるんだから気にするな。ちなみに俺は、月……なんだけどね」

なんて冗談を言いながら。

ROLAND's
positive thinking

6

「『知らない』というのは、ひとつの武器」

エンジンをかけようとしても、それでも勇気がでないという君に、もうひとつ言葉を贈る。

「『知らない』というのは、ひとつの武器なのだ」

何かを始めるにあたって、しっかりと事前準備をしてリスクを考えることは大切なのかもしれない。

だが残念ながら、どれだけ事前準備をしようが、失敗するリスクがゼロになることなんて絶対にない。

それに、失敗を恐れて準備を続けているうちに、チャレンジする機会を失ってしまうこともある。

これは、俺が独立したばかりの頃のこと。

俺はホストクラブをオープンするにあたり、相場の3倍以上の初期コストをかけた。

こだわりが強すぎるがゆえに、広告費や内装費、人件費などなど……。

気づいたら膨大《ぼうだい》な金額になっていた。

先輩経営者達からは、

「普通、最初からこんな金額はかけないよ」

「どうやって回収するの？」

と、冷笑された。


でも、俺には勝算があった。

妥協した店は作りたくなかったし、独立時の注目度を考えたら、ローランドの新店はどんなものかと、絶対にいいお客様が日本中から来てくださるはずだ。だったら、リスクを恐れてコストをかけず、低クオリティでガッカリされるより、膨大なコストをかけてでも、「さすがローランドの店だ」と言わせたほうが、顧客獲得につながるはずだ。そんな信念があった。


それがいかにクレイジーな金額だったか、今の俺ならわかる。

確かに、俺はコストをかけすぎていた。

でも、結果はどうだったか。

そのこだわりが功を奏して、1年目から驚異的な大成功を収めたのだ。

それも、周りも驚くほどの。

もし俺が信念を曲げていたら、もし俺がいろいろなことを知りすぎていたら、リスクを恐れて相場の適正額でこぢんまりスタートしてしまっていただろう。

そうしたら、あの成功はなかったかもしれない。

このように、知らないということが、武器になることだってある。

そう思えば、勇気が湧《わ》いてくるはずだ。

さあ、勇気を出して一歩踏み出してみようじゃないか！

俺は知らなかったからこそ、大胆《だいたん》にチャレンジできたのだから。

ROLAND's
positive thinking

7

「前例は調べるものじゃなく、なるもの」

「前例がない」「前例はこうだ」

俺は、事あるごとに、この言葉を言われてきた。

だけど俺は、前例を覆《くつがえ》してきたから今がある。

前例は調べるものじゃない。なるものなんだ。

もし君が、大きな夢を語ったら。

君が斬新《ざんしん》なアイディアを提案したら。

多くの人が君に、

「前例がないから、できるわけがない！」

そう言ってくるだろう。

もちろん、中には親切で言ってくれる人もいる。

でもたいていの人は、君に成功してほしくないんだ。

君が成功を収《おさ》める陰で、自分が惨めな思いをしたくないんだ。

自分の中の常識を壊されたくないんだ。

だから善人のフリをして、あの手この手で君の成功を邪魔しようとしてくる。

だけど**それが、君の信じた大きな決断やチャレンジなのだとしたら、最後は自分の信念を貫《つらぬ》くべきだ。**


こんな田舎から成功するなんて、夢のまた夢だ。

君の身長じゃ、無理だ。

そんなアイディア、聞いたことない。

前例がないじゃないか！

……。


もし君が、誰かにそんなことを言われたとしても、俺が君に約束する。

君が夢を諦めるに値する言葉なんて、世界中探したって、ひとつもない

ということを。

「前例がない」

もし今、俺にそんなことを言う奴がいたら、こう返してやるさ。

「前例がない？　だからなんだ！」

「その前例とやらには、まだローランドのデータは入っていないぜ！」

とね。

笑われるぐらいの夢のほうが、叶える価値がある。

最後に笑うのは、きっと俺達だ。

ROLAND's
positive thinking

8

「明けない夜はないと言っている
暇《ひま》があれば、俺は東へ走る。
東の空は明るいのだから」

励ましの言葉として、「明けない夜はない」というものがある。

文字どおり、いつか夜は明けるのだから、くよくよせずに時間が解決するのを待ってごらんよ、そういう意味だ。

俺はこの言葉が、困難に立ち向かおうとせず、成り行きまかせの逃げのセリフに聞こえるので、嫌いだ。


運命はいつだって、自分の力で変えるもの。

俺は、「明けない夜はない」なんて悠長《ゆうちょう》なことを言う暇があるのなら、とにかく東へ全力で走る。地平線の向こうは明るいのだから。


確かに、今の世の中はパンデミックによる困難だらけだ。

だけど、

「いつもどおりの世界が戻ってくるのは、いつになるのだろう?」

「よりによって、なんで私の生まれた時代に……」

そう嘆《なげ》いていたって、状況は何も変わらない。

それでも俺達は、この世界を生きて、立ち向かっていかなくてはいけないんだ。

俺はこのパンデミックにより、なによりかけがえのないホストクラブを無期限で閉店するという憂《う》き目《め》を見た。今もまだ、再開の目処《めど》は立っていない。


上等だ。受けて立ってやる。

俺は誓った。絶対に諦めないと。自分の力でなんとかする。

ローランドは、絶対に屈したりなんてしない。


今まで、ホストクラブにウエイトを置いていた時間を、ほかの会社の事業拡大に充《あ》てた。

これを機に、新規事業もいくつか立ち上げた。

空いている時間に、語学の勉強も始めた。


二流は、状況に左右される。

一流は、状況に左右されない。

じゃあ、超一流は？　——その状況を利用するんだ。

お陰で、弊社ローランドグループホールディングス全体の業績は、前年度より格段に上がった。

空いた時間を、スキルアップに使うことで、成長できた。

どれほどの逆境が立ち向かってこようが、俺は負けない。
むしろ逆に、利用してみせるさ。

君が苦しくて心が折れそうなときはここに、逆境の中、光を目指して東の空へ全力で走る、諦めの悪い男がいるということを思い出してくれ。

みんな、ともに闘《たたか》おう。

ROLAND's
positive thinking

9

「どんな困難にも、明るい一面が必ずある」

俺は、幼少期からポジティブだった。自然と、前向きに考える癖《くせ》がついていたのだろう。何事も考え方次第だということを、幼い頃から無意識に知っていた。

苦手な算数で6点を取ってしまったとき、別に気になんてしなかった。サッカーで6点を取ったらヒーローだ。スポーツ紙の一面を飾れる。今回はそれが、たまたま算数のテストだったというだけ。

ホテルの部屋番号が４０４だとしても、俺にとって4は「死」ではなく「幸せ」の4だ。むしろ、超ラッキー。

右と左の別れ道。右を選んでトラブルが起こったら、「ああ、左に行っておけばよかった！」……なんて、もちろん思わない。左を選んでいたら、きっともっと大きなトラブルがあったに違いない。右でよかった。そう思う。

大切なのは、考え方だ。多少強引でも、無理矢理でも構わない。ポジティブ思考の元は、「多少の強引さと無理矢理」なのだから！

そして、そんなポジティブ思考をする癖がついてくると、不思議とどんな困難にも、探せば必ずひとつぐらいは、ポジティブな側面があるということに気づく。

たとえば、このパンデミック。一生に一度あるかないかの、非常にネガティブな事態だ。だがパンデミックは俺に、友人とマスクなんかせずに笑い合えることが、満員のスタジアムで愛するチームの名前を叫べることが、家族が元気でいてくれることが、どれだけ幸せだったのかを教えてくれた。

往々にして人は何かを失うまで、その価値や大切さに気づけない、愚《おろ》かな生き物である。親と健康のありがたみは、失って初めてわかるもの。

この言葉は、人間がいかに「当たり前」に感謝できない生き物かを物語っている。

俺はそんな「当たり前の幸せ」を、この年齢でいったん手放せたことで、「当たり前じゃない」と再確認できた。

パンデミックがなければ、今後の長い人生、この「当たり前」を当たり前と思いながら過ごしていたのかと思うと、心底恐ろしい。

親孝行することや、家族と電話し合うことも、このパンデミック以降、格段に増えた。

家族が元気でいてくれるって、本当に奇跡みたいなことだから。

事業面でも、ポジティブな展開はあった。このパンデミックの影響で、空きテナントが増えたことで事業を拡大できた。競合他社も減った。

そもそも、起業して2年目でこんなアクシデントを経験できたら、もうたいていのことなら乗り越えられる気がする。これも、いい経験だ。

こんなふうに思えるのは、日頃から多少強引にでも、ポジティブに考えようと癖づけていたからだ。

君が今、人生のドン底だったとしても、悲観することなんてない。
エレベーターの最下階には、上に行くボタンしかないんだ。
中途半端に落ちるより全然マシさ！

あとは君がボタンを押すだけだ。どんな困難にも明るい一面が、必ずある。

ROLAND's
positive thinking

10

「コンプレックスが強いのは、向上心が強い証《あかし》だ」

コンプレックスが強い自分に悩む人は多い。でもそれは恥ずべきことなんかじゃない。

俺も以前は、誰よりコンプレックスが強い人間だった。だが、自分がここまで来ることができたのは、人一倍コンプレックスが強かったからだと思っている。

サッカーをやっていたとき、誰よりも練習できたのは、才能溢《あふ》れる選手に対して感じていたコンプレックスがあったから。

ホストの世界に来てこんなにもトークスキルを磨けたのも、接客スキルを極めることができたのも、自分が誰よりも女の子としゃべるのが下手だというコンプレックスがあったから。

自分がここまで容姿を磨くことができたのだって、自分の容姿にコンプレックスがあったからだ。

何を隠そう、俺は自分の顔にメスを入れている。

だが、俺はその事実を隠してはいないし、もちろん恥じてもいない。

これは俺が、自分の容姿のコンプレックスを克服するために、必死に必死に悩んで、そして自分と向き合って、出した答えだから。

どんなコンプレックスも、俺なら克服できるという確たる自信があった。いつか必ず乗り越えられると信じて、絶対に目を背けなかった。だから、今がある。

俺は、「自分なんて」というたった一言で諦めて、この先の長い人生をずっと卑屈《ひくつ》に生きるのは嫌だったんだ。


ありのままの自分を好きになろうなんて、綺麗事《きれいごと》だ。

本当に頑張って頑張って頑張った先に、大好きな自分が待っている。俺はそう思う。

自分のコンプレックスから目を背けて、「これでいいんだ」なんて無理矢理言い聞かせて生きたって、永遠に自分のことは好きになれない。**だから、徹底的に向き合うんだ。**


頑張ることがカッコ悪いという風潮がある。

コンプレックスを克服しようともがいている人を、笑う人もいる。

事実、頑張って努力している姿を見て笑ったり、中には、俺が顔にメスを入れたことを馬鹿にする人もいた。

でも、一番カッコ悪いのは、立ち向かわずに諦めることじゃないか？

努力することは、カッコ悪いことなんかじゃない。


もし笑われたっていいじゃないか。頑張っていない奴ほど笑うんだから。

コンプレックスに負けた者達は、自分ができなかったことを成し遂げられることが怖いんだ。

そんな奴らは、気にする必要なんてない。最後に笑うのは、頑張った者なのだから。


断言したっていい。克服できないコンプレックスなんてない、と。

君がもしコンプレックスを感じているのだとしたら、それは**自分に対しての理想が高いというなによりの証だ。上を目指している証だ。現状に満足していない証だ。**

なにも恥ずかしがることはない。むしろ誇るべきことだ。


それを乗り越え、いつか本当に自分のことを好きになれたら、こうして堂々と、自分が昔はコンプレックスの塊《かたまり》だったと、本に記《しる》すことだってできる。

目を背けて逃げていたら、きっとこんなことはできなかったはずだ。

今頃、卑屈になりながら、心の中で誰かの不幸を願い、頑張る人を笑うカッコ悪い人間になっていただろう。


「自分は頭が悪い」とか、「太っている」とか、「可愛くない」とか、「才能がない」とか、そんなコンプレックスを抱えているのなら、どうか諦めないでとことん向き合ってほしい。

絶対に「自分なんて」という一言なんかで、諦めないでほしい。

必ず克服する方法があるのだから。


頑張るって、めちゃくちゃカッコいい。

俺は、頑張っている人が大好きだ。

コンプレックスの塊は、原動力の塊。

第2章 ローランド流仕事論

ROLAND's business formula

ROLAND's
business formula

1

「『最低』と言われたって構わない。
『最低』と『最高』は一文字違い。
『平凡』と言われるより、
よっぽどマシさ！」

人と会話をするとき、ポイントポイントで、人とは違う、斜め上を行く言葉を提供するように心がけている。それが気を引きたい相手や、喜ばせたい相手だとしたらなおさらだ。

ホストとしてお客様を接客していたときのこと。

「私……何をやっても一番になれたことがないの。だから、自信を持って生きていくなんて、無理」そう打ち明けられたことがある。

普通のホストならばそこで、

「そんなことないよ、自信持ちなよ！」

と言ってみたり、

「実は、俺もそうなんだ……。気持ち、わかるよ」

と同調することで慰めたりするのだろうが、**そんなありきたりな回答では、ホスト界の帝王の名が廃《すた》る。**

だから俺は、何も言わずにそのお客様を抱きしめた。そして、

「今お客様は、ある分野の世界一です。なんのことかわかりますか？」

そう聞いた。

いきなり抱きしめられて、そんなことを言われたんだ。当然、困惑して答えられない（笑）。

そんなお客様に俺は、

「お客様は今、世界中の誰よりも、ローランドの近くにいます。ほら！　一番になれましたね。それも、世界で一番に！」と伝えた。

ん？　恋愛漫画の読みすぎですか？　と言われたらそれまでだし、奇をてらいすぎて滑《すべ》ったことも数多くあるのだが！（笑）

その時は、一気にお客様の顔が明るくなったのを、今でも覚えている。

こうして抱きしめてあげることで実感も湧くと同時に、事実、あの時、お客様は世界で一番俺の近くにいたわけだから、**何かで一番になるという、ひとつの成功体験**をプレゼントできたわけだ。

また、**貴方が気づかないだけで、実はすでに何かの一番になっているかもしれないよ。視点を変えてみるのも大切だよ、というメッセージにもなる。**なにより、普通に接客するよりも、確実に印象に残る。

実際はそんな深いメッセージが込められているなんて露《つゆ》しらず、ローランドって、やっぱり変わった人だなぁ、と呆《あき》れて笑っていただけなのかもしれない。

本心はわからないけれど……。それはそれで、笑顔になってくれたのなら結果オーライ！
「なんだか、今日ローランドさんに会えて元気になりました。本当にありがとう！」
帰りがけにお客様から、その言葉を言ってもらえただけで、俺は満足だった。

どんな世界でも、この斜め上の発想ができる人は強い。

・音楽プレーヤーと携帯電話を融合させたスティーブ・ジョブズ
・ＣＬの決勝であり得ない浮き球をボレーシュートで決めてみせたジネディーヌ・ジダン
・肉のドレスを着たレディー・ガガ

誰も思いつかなかったことをしたからこそ、永遠に語り継がれる伝説になったのだろう。

「馬鹿と天才は紙一重」と言われる意味は、そんなエピソードに凝縮されている。

一歩間違えれば笑いものだったとしても、上手くいけば伝説だ。

もし、「最低」と言われたっていいじゃないか！
「最低」と「最高」は一文字違いだ。
「平凡」なんかよりずっとマシさ！

ROLAND's
business formula

2

「香水をコロコロ変える
ホストは売れない」

ホスト時代、営業の連絡をしなくても、ふと俺を思い出して、指名しに来てくれるというケースが非常に多かった。

偶然だろうか？

それとも、俺が良いホストだったから？

もちろんそれもあるのかもしれないが、これには明確な理由がある。

俺は、**記憶と五感が強力にリンクする**ということを利用した。

とある香水の香りを嗅《か》ぐと特定の人を思い出したり、ある曲を聴くと、それをよく聴いていたときの思い出が甦《よみがえ》ったりしたことはないだろうか？

きっと、多くの人が経験したことがあると答えるだろう。

そう。**香水と音楽は、自分を思い出してもらうための強力なツールなのだ。**

この事実に気づく前は、気分で香水をコロコロ変えていたが、それでは「ローランドといえばこの香り」というイメージにならないので、一生涯かけて使うつもりで、俺は

「テール ドゥ エルメス」という香水をひとつ選んだ。

かれこれもう7年以上愛用し、今でもこれを使っている。

その香水を毎日振り、接客をした。

名刺なんかにも香りをつけて、渡していた。


それから、お客様を助手席に乗せて送迎するときには、必ず一回はフランク・シナトラの「マイ・ウェイ」を流した。

この曲を聴いたら、ローランドとの楽しい時間を思い出してもらえるように、と。


そんなこんなで、俺の狙《ねら》いは的中した。

特に、香りのパワーは凄《すさ》まじいものがあった。

「街でこの香りを嗅いで、急にローランドさんに会いたくなりました」

「渡してくれた名刺の匂いを嗅いだら、会いたくなったので今日来ました」

そう言って、指名しに来てくれたお客様はたくさんいた。

テレビで「マイ・ウェイ」が流れたのを聴いて、会いに来てくれた人も何人かいた。

香水と音楽のパワーは侮《あなど》れない。

今俺は、若手ホスト達に「香水をコロコロ変える奴は売れないよ」とだけ言う。

「何言ってんだこの人は、また得意の名言的な感じ？」

という目で見られるのだが（笑）、**理由はあえて教えない。**

きっと、その意味を自分で理解できるホストが売れるんだ。

仕事を極めるって、こういう細かいところまで研究して突き詰めるってことなんだろうな。

さてさて、誰がこの言葉の本当の意味に気づいてくれるのだろう？

楽しみに待つとしよう。

ROLAND's
business formula

3

「女の子の『もういい』と、お客様の『大丈夫です』は、絶対に信用しない」

コミュニケーションにおいて、言葉を額面どおりに受け取るのは、必ずしも正解ではない。

俺がホストになりたての頃。女心もロクにわからなかった頃だ。路上でお客様と喧嘩《けんか》してしまったことがあった。そしてそのお客様は、俺に対してこう言った。

「もういい‼」と。

俺は単純に愛想を尽かされたのだと思い、潔《いさぎよ》くUターンしたのだが、その時にお客様が言った一言が忘れられない。

「貴方って、本当に女心がわからないのね。そりゃ、売れないわ」

そんな捨てゼリフとともに、彼女は二度と指名してくれることはなかった。

今考えれば、彼女が何を言いたかったのかわかる。彼女の「もういい」には、「もういい！　……って言ったら、そんなこと言わないでもう一回話し合おうって、私のこと引き止めてね！　お願い！　面倒くさいかもしれないけど、私そういうやり取りの中で愛情確認するタイプなのよ。だからその辺、上手い感じにお願いしゃーす」

きっと、こんな意味が込められていたのだろう。

だからこの「もういい」を拒絶の言葉と勘違いして立ち去ろうとした俺は、ホスト失格だったのだ。

こういった経験も踏まえて、サービス業関連のスタッフ達にもよく話すのだが、**お客様の「大丈夫です」は信用してはいけない。**

国民性もあるのだろうが、「多少気になるなぁ、でもまぁ我慢すればいっか」ぐらいのレベルだと、大半の人は「大丈夫です」と答えるから。

だから「大丈夫です」という言葉のトーンや視線、しぐさなどから、「大丈夫です」に込められた本当のメッセージを読み取れと。

俺が歌舞伎町《かぶきちょう》で勝つことができた大きな理由のひとつが、「洞察力」だ。

相手が何を考えているのか、言葉以外の情報からも推測する。言葉の裏にある真意を読み解く。

最初は女心がまったくといっていいほどわからなかった俺も、**今ではこの「洞察力」が最大の武器だ。**相手が何を考えているのか、エスパーのように読み解くことはできないが、視線やしぐさ、声のトーンや微妙な間などで、喜怒哀楽の４つのうちのどこに気持ちがあるのかというのは、かなり正確に当てることができる自信がある。

これを読んでいる男性諸君！
女の子の「もういい」を、何も考えずに額面どおりに受け取り、Uターンして愛想を尽かされないように！　逆に、深読みしすぎて訴えられないようにも気をつけて！（笑）

んー、男って大変！

ROLAND's
business formula

4

「心が弱いからこそ、ビッグマウスを言おう」

俺は昔から、常にビッグマウスだった。

「『不可能』の対義語は『可能』じゃない、『ローランド』だ」

「誰にも負ける気がしないね。たとえ鏡とジャンケンしたって勝てるさ」

そう宣言していた。

スポーツの世界にも、ビッグマウスと呼ばれる人達がいる。

彼らは類《たぐ》い稀《まれ》なる強い気持ちを持っているから、そういう発言ができるのだろうか？

俺は、違うと思う。彼らビッグマウス達は、自分の意志の弱さを自覚し、そんな自分から逃げ道をなくすために、ビッグマウスを言うのではないか。少なくとも、俺はそうだ。

俺は、自分の意志の弱さを自覚しているからこそ、ビッグマウスを言う。

頑張りたくない日も、ビッグマウスを言うことで頑張れた。

サボりたい日も、ビッグマウスが背中を押してくれた。

俺の心の湿《しめ》った薪《まき》に火をつけてくれたのは、いつだってビッグマウスだった。

「背水の陣」という言葉がある。退路を断たれた人間というのは強い。

前著に、

「成功したければ、やるか、やらないかじゃない。やるか、やるかだ」

という言葉を書いた。

まさにそのとおり。**勝ちたいなら、「やらない」という選択肢を自分から消すんだ。**

「次の試合、絶対に勝つ」とカメラの前で声高らかに宣言すれば、どんなにモチベーションが上がらない日だろうが、「ここでサボって負けた日には、みんなの笑いものだ」そう思って頑張れるはずだ。

同じく、前著に書いた、

「デブは甘え。普通に生きていたら太らない」

という言葉。ずいぶんと波紋《はもん》を呼んだ一言でもある（笑）。

不快な思いをさせてしまったのなら謝りたいが、あれは自分に対して言っている言葉でもある。あんな発言をした手前、自分が太ってしまったら大恥《おおはじ》だ！　そう思うと、いやでも健康的な生活をしようという気持ちになる。

形は多少違うが、これはビジネスシーンにも応用することが可能だ。

よく責任者であるスタッフから、「自分が結果を出していないから、後輩に強く指導できないんです」と相談される。

そんな時俺は、**「逆だ。強く指導できないから、結果が出ないいんだ」**と返すようにしている。**部下に厳しくすれば、自《おの》ずと自分も結果を出さなくてはと思い、頑張ることができる。甘い先輩でいるから、自分にも甘いんだと。**もちろん、そこで口だけの上司になってしまったらすぐに降格させるが、そのアドバイスを受けて変わったスタッフは多い。

胸に手を当てて、自分が強い人間なのか弱い人間なのか、問いかけてみてほしい。

もし君が弱い人間なのだとしたら、そんな君こそ、ビッグマウスを言うんだ。

「ローランドを超えてやる!」とね。

まあ、安心してくれ。残念だが君達がどんなに頑張ろうと、このローランドは絶対に超えられない。最後に俺も、そんなビッグマウスを記して、この項目を締めさせてもらうとしようか。

ROLAND's
business formula

5

「俺は優しい
社長なんかじゃない」

少し、俺の社長としての考え方もお話ししよう。

俺は今年、自宅にジムを作った。

これを贅沢《ぜいたく》だ！　と捉える人はきっと、**努力のコツ**がわかっていない人だ。

もちろん、ひとりでゆっくりとトレーニングがしたかったという贅沢的側面もあるが、俺の**本当の目的**は違う。

これはビッグマウスを言う理由にも似てくるのだが、**自分に言い訳できる要素を徹底的に減らしたかったんだ。**


今日は天気が悪いから……。

ジムの営業時間が過ぎてしまったから……。

時間がないから……。


自宅にジムがあれば、そんな言い訳は一切できない。

それに自宅にジムがあると公表すれば、俺の身体がだらしなければ確実に、「ローランドさん、自宅にジムがあるのに、そんなだらしない身体なんですね」

と言われてしまうだろう。

そんなことは、間違っても言われたくない。

そう、**本当の狙いは自分を追い込むためなのだ。**


会社の設備投資にしても、同じ狙いがある。

もちろん、一番はお客様に喜んでもらうためだが、それと同じぐらい大きい目的がある。

スタッフに言い訳させないためだ。


店が狭いから、売り上げを上げられない。

立地が悪いから、しょうがない。

他店舗のほうが、豪華な内装をしているから勝てない。


人はどうしても、できない理由を環境のせいにしてしまいがちだ。

だからそう言われないために、設備投資は積極的に行う。

いい環境を用意したのだから、あとは君達の頑張り次第だよ。

そう言える環境を作るのも、社長の責任だと思っている。

他社の社長さんから、「ローランドさんは社員に甘いですねぇ」なんて言われるが、まったくの逆だ。

社員に言い訳させないために、投資をしているんだ。

もし、この本をウチの社員が読んでいるのだとしたら言っておこう。

俺を優しい社長と思っているなら、大間違いだと（笑）。

「『散歩』は、
最高の『創造』の時間である」

みんなは何か考えごとをするときに、どんなことをしているのだろう？　どんな時にひらめくことが多いのだろう？

俺は以前、何か考えごとをしたいとき、アテもなくドライブをしたり、時計の音を聴きながら暖炉の火を眺《なが》めたり、時にはシガーを吸ったりしていた。

だが最近の推《お》しは、**「散歩」**である。

だからこの項目では、多くの賢者達が散歩を創造の時間としたように、俺もまた、**創造の時間として「散歩」することを**、皆様に提案したい。

実際、この本を書くにあたって制作に行き詰まると、いったん作業をやめて、ペンとメモ帳だけを持ってよく散歩に出かけたものだ。

人は、無意識に欲が出てしまう生き物。

ついつい何かいいアイディアを！　と**「追いかけたくなってしまう」**ものだが、それでは良い発想は浮かばない。

だから、**「突き放す」**のだ。

その**「突き放す」ということに関して、散歩はとても有効なのである。**
歩くときには音楽を聴いたり、いいひらめきが降りてこないかな？　などと下心を出したりしない。

何も期待せず、ただただ歩く。

少し暖かくなってきたな、こんなところにこんなカフェがあったんだ、今すれ違った人とても素敵だな、そんなことを、ただただぼんやり考えながら歩く。
そうすると、思いもよらなかった斬新な発想達が、俺の頭の中に突然降りてくる。

言葉達もそうだ。
こんな言葉、素敵だな、この比喩《ひゆ》表現ならとてもわかりやすいのでは？
歩いている途中、そんなひらめきが降りてくる。
そんなひらめきを、ただメモ帳に書き留め、そしてまた歩く。疲れたら帰る。
ただそれだけ。それ以上でも以下でもない。
別になんのひらめきが降りてこなくても、それはそれで構わない。ただ歩くだけでもりフレッシュになるのだから。

何かクリエイティブな作業をするときに、ヒーリング音楽を流し、アロマを焚《た》き、空調を完璧《かんぺき》にして、よし！　何かいいアイディアを出そう！　と思ってもなかなか捗《はかど》らない人は、ひらめきを追いかけすぎて逃げられているのかもしれない。

アイディアはシャイな女性と一緒。
下心を出して追い回したって、逃げられるだけだ。

君がアイディアに行き詰まったときは、いったん考えることをやめて、ただただ散歩をすることを是非一度試してみてほしい。

ROLAND's
business formula

7

「新しいものを摑《つか》みたいのなら、
今握《にぎ》っている何かは
手放さなくてはいけない」

会社の愚痴を言う人は多いが、その時間は「宝くじが当たったら何をしたい？」と考える時間に匹敵する、地球上で最も生産性のない時間のひとつだ。

そんな**愚痴の解決方法はふたつ**。

「自分がルールになるか」「さっさと辞めるか」だ。

君が会社にとって重要な存在になれば、必然的に発言力も上がる。

不満のあるルールや環境だって、君が重要な人材ならば、変えることだってできるだろう。

組織では優秀な人材であればあるほど、意見を尊重してもらえるものだ。

ならば、結果を出して、君がルールになればいい。

さもなくば、辞表を出して、さっさと環境を変えるかだ。

これで万事解決。簡単な話なんだ。

そして、そのどちらもできないのなら、残念ながら君に残された道はひとつしかない。

黙って働く。これのみだ。

何かを握ったまま、新しいものは掴めない。

自分がルールになろうと思えば、結果を出すために、ダラダラと過ごすその平穏な時間を手放す必要があるだろう。

辞めて転職、もしくは独立をしようと思えば、**人間にとって一番楽な現状維持という選択を手放し、リスク覚悟で踏み出す必要がある。**

そのどちらもできないのに、愚痴だけは一人前。

「こんな会社やってらんねぇー」

「あの上司マジウザいわぁー」

そんなことを言いながら何も変えようとせず、明日も、やりたくない仕事場に行く。

痩《や》せたいと言いながら、アイスクリームを食べる堕落者《だらくもの》と同じだ。

あぁ、なんとカッコ悪いのだろう。

俺が、最初のホストクラブで働いたときのことだ。

入店早々から、嫌味な先輩や、ゆるい雰囲気、プロ意識の低さなど、あらゆることに不満を感じた。

だが、結果を出さずに辞めたら、負けのような気がして気に食わなかったし（妙な意地があった）。

そもそも、俺が店に合わせるのではない。店が俺に合わせてくるものだ。そう思ったから、とにかく結果を出した。

俺の意見を、誰も無視なんてできないぐらいに。

結果を出したうえで俺は、やる気のない従業員を異動させたり（嫌味な先輩にも、何人か辞めてもらった。今考えたら、少しやりすぎたと反省しているが……）、ルールや取り組みにも意見し、多くのことを聞き入れてもらった。

そうやって、**店を俺に合わせていった。**

だが最後まで、その店に対しての不満はなくなることはなかった。

残念ながら、やる気のない従業員を辞めさせ、いくらルールを変えても、俺が理想とする「日本一のホスト」となるための環境にはならなかったんだ。

だとしたら、もう答えは決まっている。
もちろんそれは、愚痴を言いながら働くことではない。
さっさと独立するか、もっと強い店に行くかだ。

結局俺は、ヘッドハンティングしてくれた業界最大手の大型店舗へと移籍した。
「日本一のホスト」になるためにね。

現状維持を握り締めたまま、一生、不平不満を愚痴り続ける人生か。
現状維持を手放して、新しい何かを掴む人生か。

選ぶのはいつだって、自分自身だ。

第3章

ローランド流 トップの在り方

ROLAND's theory to be at the top

ROLAND's
theory to be at the top

1

「ナンバーワンになれば、
誰も目には映《うつ》らない」

「自分軸で生きよう」

そんなことを言われても、他人が気になってしょうがないし、人と自分をまったく比べずに生きていくなんて不可能だ！　綺麗事だ！　と言う人もいるだろう。

そんな貴方に、楽ではないが、他人が一切気にならなくなる方法を教えよう。少し難易度の高い解決方法ではあるが……。

まあ、そもそも何かを得るには、苦労が伴《ともな》うものだからね。それでもいいと言うのなら、読み進めてくれ。

他人が一切気にならなくなる方法。それは**「圧倒的なナンバーワンになること」**だ。

自分の目に他人が映るのは、二番目以降の者達だ。

先頭に立てば、目の前に広がるのはゴールテープのみ。

他人が気になるのは、自分がナンバーワンじゃないなによりの証拠だ。

今でこそ、どんな人が世の中にいようが「他人は他人、自分は自分」、純粋にそう思える。

しかし、実は俺もホスト時代には、他人の存在が気になってしょうがなかった。

毎日のように自分に順位がつけられ、自分の価値が数字として如実《にょじつ》に表れるという
ちょっと特殊な世界にいたのだから、当然と言えば当然だったのかもしれないが。

「ほかのホストが、いくらのボトルを入れた」

「ほかのグループのホストが、いくら売り上げた」

「ほかのホストが、何人指名を呼んだ」

そんなことが、気になって気になってしょうがなかった。そして、そんな自分が嫌だった。


だけど、俺は思ったんだ。

圧倒的な一番になれば、俺の目に映る者は、もう誰もいないじゃないか！と。

そう考えてからすぐに、圧倒的なナンバーワンになれたわけではないが……。

この言い知れぬ嫉妬心《しっとしん》の原因と、その解決方法がわかったのは大きかった。

それ以降は、他人のことが気になってしょうがなくても、

「この気持ちにゴールがないわけじゃないんだ。お前がナンバーワンになれば、すべて綺麗さっぱり解決さ！」

そう思えるだけで、心が軽くなった。

苦労も多かったが、結局キャリアを積み重ねていく中で、最終的に俺は、業界の誰にも負けないぐらいに、目立ちに目立ちまくって、勝って勝って勝ちまくった。

それはもう、申し訳ないぐらいに勝ちまくった。

その結果、あれだけ気になってしょうがなかったライバル達が、気づけば誰ひとりとして、俺の目には映らなくなった。

もはや振り返っても誰もいなかった。

だから、俺は心置きなく次のステージに行くことができたんだ。

ROLAND's
theory to be at the top

2

「ナンバーワンになって、
騒がれているうちはまだ二流。
ナンバーツーになって騒がれて、
初めて一流だ」

ナンバーワンであり続けるのは容易ではない。

「勝って騒がれるのではなく、負けて一面に載れ」

（『野村の流儀 人生の教えとなる257の言葉』野村克也・著 ぴあ）

この言葉は、故・野村克也《のむらかつや》さんの有名な格言だ。

これは、どの世界にも通ずる言葉だろう。

ナンバーワンになるまでは、勝てば無条件に褒《ほ》められる。

よくやった！ たいしたもんだ！ と。

だが、ナンバーワンは違う。勝って当たり前なんだ。

勝ったところで、「貴方は勝って当たり前でしょう？ だってナンバーワンなのだから」

と言われてしまう。

だがしかし、一度でもナンバーワンが負ければ、世間は大騒ぎだ。

「ナンバーワンが負けた！　ナンバーワンなのに負けた！」そう騒ぎ立てる。

俺はナンバーワンを守り続けているとき、常に賭け金の違うポーカーをやっている感覚だった。

挑戦者は、俺に勝てば大きなリターンを得られる。

でも俺は、勝ったところでほとんどなんのリターンもないんだ。

常に、ハイリスク・ローリターンの勝負をする。

それが、ナンバーワンの宿命だ。

１００万ドルを賭けて10ドルを得る闘いに、勝ち続ける覚悟がないならば、ナンバーワンを張る資格なんてない。

そしてそれだけのプレッシャーにさらされながらでも、俺にとってナンバーワンは価値のあるものだった。


ナンバーワンだから、認められた。

ナンバーワンだから、許された。
ナンバーワンだから、他人が気にならなくなったんだ。

重圧を背負ってナンバーワンを勝ち取る覚悟がないのなら、多少他人が気になることも、覚悟しなくてはいけない。

だけどそれが嫌と言うのなら、**何がなんでも勝って勝って勝ちまくれ。**
圧倒的なナンバーワンになってみせろ。
とてつもない重圧と責任に耐えながら、ナンバーワンを守り抜け。

そして、ナンバーワンにしか見られないその景色を眺めながら、こう言ってやるのさ。

「この世には二種類の人間しかいない。俺か、俺以外か」とね！

ROLAND's
theory to be at the top

3

「メッシに野球をさせない」

起業する以前、社長といえば、オフィスの社長室で偉《えら》そうに座りながら指示を出すというイメージだった。

しかし、右も左もわからぬまま、とにかく勢いで独立し社長となった俺は、独立直後にそんな社長にはほど遠いことを痛感した。

起業したはいいものの、経営の知識もろくにない俺は、本当に日々学ぶことばかりで、いかに未熟な経営者であるかを日々痛感させられた。

独立してまず最初にしたことは、ホスト時代の無駄なプライドを捨てることだった。

心から信じたことやこだわりならば、周りがなんと言おうと貫いたが、少しでも自分の落ち度や至らなさを感じたときは、素直に非を認め、周りの意見を聞いた。

どれだけ前職で評価されていたとしても、経営者としては1年生だ。1年生がするべきことは、無駄なプライドを守ることではない。たくさん恥をかいて、たくさん学ぶことだ。

今でこそ笑い話だが、打ち合わせの途中で、

「こちら、弊社のＥＣサイトになるのですが……」

そんな話をしてきた相手に対して、

「えーっとすいません、『ECサイト』ってなんですか？」

そう聞いたときのリアクションは、今でも覚えている。

「え、この人馬鹿なの？」

「これだから、元ホストは……」

本当に、そんな顔をしていた。

俺の経営者としてのスタートは、「ECサイト」という言葉すら知らないところからだった。


俺は社長なのに、パソコンが一切使えない。利益率をささっと暗算してみせたり、なんてできない。以前は、そんな自分に少し後ろめたさを感じていたのだが。

ある日、とある先輩経営者が、

「君が羨《うらや》ましいよ。君には僕にはない、**発信力**という強力な武器があるんだから」

そう俺に言った。その方はキャリアも長く、俺に足りない部分をたくさん持った経営者だっただけに、その「羨ましい」という言葉は意外だった。だがその言葉で、**俺には俺の**

武器があるんだ、俺は俺の強みで勝負すればいい、そう思うことができた。

確かに、俺の武器はデスクワークなんかじゃない。俺の強みは、**発信力とマネジメント力**だ。それを活《い》かさずに、苦手なことばかりやろうとしていた。

メッシに野球をさせていたんだ。

自分の足りないところを補《おぎな》うために、スタッフがいる。そんな、当たり前のことに気づいた。それからは、自分が得意な仕事に力を注いでいった。

率先してメディアに出て自分の会社の認知度を高めることで、広告費を削減することができた。そのお陰で、より安い価格で商品を提供することができるようになった。

なるべく現場に出向き、社員とコミュニケーションを取るようにした。

ホスト時代に培った**洞察力は**、社員をマネジメントするのに非常に役立っている。

俺の、**経営者としての大きな武器**だ。

俺は今、俺にしかできないやり方で社長をやっている。すべての短所を補うには、人生はあまりに短い。自分の強みで勝負するというスタンスも大切だ。

ROLAND's
theory to be at the top

4

「周りにイエスマンを置くのは、衰退《すいたい》の始まりだ」

どんな髪型をしても、どんな服を着ても、「可愛いです！」としか言わない人の「可愛いです」に価値を感じないように、**「ノーが言えない人のイエスには価値がない」**と、日頃から言っている。

テレビでのキャラクターや風貌《ふうぼう》からなのか、俺が絶対的な独裁者《どくさいしゃ》であると思っている人は多い。だが個人的にはそれは誤《あやま》りだと感じる。

俺は決して、部下達にBボタンのないRPGをプレイさせたりなんてしない。

俺は組織のトップだからこそ、あえて、周りにイエスマンを置かないようにしている。言うなれば、「ノーマン」ばかりだ。時には否定されて、ぶつかり合うこともある。でもそれでいい。

周りにイエスマンばかりを置くようになった瞬間に、成長が終わる。

そんな人を、たくさん見てきた。役職が高かったり、キャリアが長い人に、よく見られる傾向だ。あぁ、この人はもう成長しない人なのだ、そう思い心底同情する。俺は、そうはなりたくない。まだまだ成長していきたい。

ローランド「そのシェイプは今ふうじゃないね。正直、ダサイよ」
スタッフ「でも私は、このクラシカルなデザインが、王道感があっていいと思います。時代に媚《こ》びるのは、私達のコンセプトからも外れます」

デザインの打ち合わせ中、こんなやりとりはザラにある。

俺が絶対王政を敷《し》いていたら、こんなやりとりにはならないだろう。


また、YouTubeのディレクターも、イエスマンとは対極の人揃いだ。

YouTubeのチャンネルを見てくれている人ならわかるかもしれないが、長年密着しているディレクターは、特にひどい（笑）。カメラが回っているときに、平気でデリカシーのない踏み込んだ質問をしてきたり、容赦《ようしゃ》なく否定の言葉を言ってきたりする。

それでも俺が彼を信頼しているのは、彼の意見が理に適《かな》っているし、俺にはない鋭い視点でものを見てくれるから。彼がイエスマンだったら、きっとYouTubeは、自己満足で味気ないローランドのプロモーションビデオに成り下がっていただろう。

公開されている動画を見て、「え、あんなカッコ悪いシーン使ったのかよ！」と思うことも多い。でも、その中立な姿勢こそが、俺のチャンネルが多くの人に愛されている所以《ゆえん》なのかもしれない（もちろん、俺の魅力がダダ漏《も》れしているチャンネルであることも、大きな大きな要因であることは間違いないのだが）。

そして、そんな「ノー」が言えるスタッフと意見が一致したときは、本当に嬉しい。

ローランド「このデザイン、どう思う？」
スタッフ「いやー、確実にこれはいけますね！　素敵です」

そんな時は、イエスマンに薄っぺらい褒め言葉を言われたときの、何倍も嬉しい。
ディレクターに、「昨日出ていたテレビは、純粋にとても面白かったですよ」そう言われたときは、密《ひそ》かにガッツポーズしてしまう。
今現在スタッフ達とは、本当にいい緊張感と距離感のもとで仕事ができていると思う。
つくづく、スタッフに恵まれている俺は幸せものだ。

多少耳が痛くても、裸の王様にならないために、しっかりと否定的な意見を言ってくれる人を大切に。

ROLAND's
theory to be at the top

5

「褒《ほ》められたいなら、
二番手以降でいるべき。
99点で責められるのが社長」

俺は、**99点を取っても責められてこそ、社長だと思っている。**

仮に、社長以外が99点を取ったらどうだろうか。確実に褒められる。

「よくやった！」と称賛される。


だが社長はどうだろう？

「なんで1点足りないんですか？」

「社長ですよね？　１００点取ってくださいよ！」

悲しいかな、そう言われるのが社長なのだ。


新しくトップをまかされるようになって悩む人の大半は、このことを理解していない。

「なんで、こんなに頑張っているのに、自分が責められなくてはいけないの⁉」

「ほぼ完璧にやっているのに、なんで誰も褒めてくれないの⁉」

そんなことを言い始める。

だが、そう思うのなら、考え方を改めるべき。

褒められたかったら、二番手以降にいるべきなんだ。

部下達は加点方式で評価され、トップは減点方式で評価される。

仮にトップが１００点だったとしても、もともと１００点だったものを維持したとしか思われない。

片や、部下は持ち点ゼロから始まるので、ミスをしたって点数は減らないし、少しの成功でも点数は加算される。

トップと部下では、評価のされ方が違うんだ。

そもそも大前提、トップは褒められる側ではなく褒める側だ。

そこを理解する必要がある。

おっと、どうもこれだけ読むと、トップがとても過酷《かこく》でつらいポジションに思えてくる（笑）。

事実、トップが大変なポジションであることは間違いないのだが、それと引き換えに得られるものは、そんな大変さを吹き飛ばしてくれるほどの幸せを感じさせてくれるということも、この項目では併せてお伝えしておく。

部下の成長を感じる瞬間や、自分の意思決定がそのまま組織に反映される楽しみ。
また会社として大きなことを成し遂げた瞬間などは、二番手以降で褒められていた、どんな時より幸せだ。

どうやら俺は、誰かの下につくのは性《しょう》に合わないらしい。
きっと、何度生まれ変わっても、トップを目指すだろう。
どれだけ大変だろうが、自分の城を持ち、組織のリーダーでありたいんだ。

いつだって履歴書は、書くものじゃない。書かせるものさ。
俺にとってね。

ROLAND's
theory to be at the top

6

「我々はできるのだ！
不可能なんてない！
そう思わせて、熱中させろ！
夢中にさせろ！
もし君が、
リーダーであるのなら」

リーダーに、最も求められる資質。

それは何かと聞かれたら、俺は**「組織のモチベーションを上げる能力だ」**と答える。

モチベーション次第で、業績は格段に上がる。

どれだけの実績や経験があろうが、組織のモチベーションを上げることができなければ、優秀なリーダーとはいえない。

社員達は、自発的にやりたいと思ってくれたほうが、いい仕事をしてくれるものだ。

「やれ!」と言われてやらされたことより、自分から、「やりたい!」と思ったことのほうが上手くいくように。

だから俺は、何を伝えればスタッフの情熱を引き出せるのかを、常に考えている。

とある女性のデザイナーがいる。

彼女は非常に優秀なのだが、いかんせんプライドが高い。それが邪魔をしてか、なかなかいいパフォーマンスを発揮できずにいた。

だから俺は彼女に新しいプロジェクトをまかせるにあたって、

「細かいことは言わない。ただ君が、日本一のデザイナーであることを、俺に証明してくれ」

とだけ伝えた。

それ以前は、プロジェクトごとに俺が事細かに指示を出していたのだが、もしかしたら、それが彼女の創造性を奪《うば》っている大きな原因なのではないか？

だとしたら、たくさんの指示や言葉なんかより、この一言が彼女の創造性とプライドを刺激して、いい仕事につながるのではないか？　そう思ったんだ。

結果彼女は、俺が細かい指示を出していた頃よりも、格段にいいパフォーマンスを発揮《はっき》してくれた。今や我が社にとって、最高のデザイナーだ。

またある時は、仕事の質が落ちているスタッフを、とりあえずフェラーリの助手席に乗せてドライブに連れて行った。

俺は、彼が車が好きなことを知っていたからだ。

案の定、次の日そのスタッフは、

「俺もいつか、あんなスーパーカーに乗ってみたいから、仕事頑張ります！」

と言って、以前の素晴らしい仕事振りを取り戻してくれた。

ジュニアユース時代の監督は、大切な試合で不甲斐《ふがい》ないミスをしてしまった俺に対して、こう言った。

「お前のミスで負けたのなら、悔《く》いはない」と。

その一言は、どれだけ怒られるよりも、俺の心に響いた。

もっともっと努力して、いい選手になりたい。

チームを引っ張る存在になりたいと強烈に自覚させ、モチベーションを燃え上がらせてくれた。

彼は俺が出会った中でも、最高の指導者のひとりだ。


良きリーダーは、いつだって組織を奮《ふる》い立たせてくれるものだ。

今この本を読む、すべてのリーダー達へ。

そして、いつかリーダーになろうと志《こころざ》す、すべての未来のリーダー達へ。

リーダーならばその熱意を組織に伝え、そして燃えるような情熱を湧き上がらせろ。

我々はできるのだ！　不可能なんてない！

そう思わせて、熱中させろ。夢中にさせろ。
それがリーダーの使命だ。

第4章

ローランド流ミニマリズム

ROLAND's minimalism

ROLAND's
minimalism

1

「俺は豊かすぎるゆえに、
モノを持たない。
ラグジュアリー系ミニマリストだ」

ミニマリストなんて、貧しい人がなるものでしょ?

そう思っている人は多いが、俺から言わせればそれは逆だ。

貧しいからこそ、その貧しさをモノで埋めるんだ。

実際、買おうと思えば、いくらでもモノは買える。

だが俺は豊かすぎるゆえに、モノを持たない。

強《し》いてカテゴライズするのならば(カテゴライズされるのは嫌いだが)、俺は「質素系ミニマリスト」ではなく、**「ラグジュアリー系ミニマリスト」**に分類されるだろう。


俺という存在、それ自体が財産だ。

宝石や派手な時計は要《い》らない。

俺自体が装飾品だ。

シンプルな服装でいい。

俺自身がブランドだから、常に全身ハイブランドだ。トレンドやシーズンも関係ない。

俺にモノなんて必要ない。

モノは人を豊かにし、幸せにしてくれる。
そう思う人は多いが、モノを持つ弊害《へいがい》は、実はたくさんある。

それに気づいたから、**俺は各アイテム最強のモノひとつだけを持ち、それ以外すべてを捨てた。**

最小限で最高級の生き方をするために。

モノを持てば、同時に失う怖さも生まれる。
失う怖さというのは、人を保守的で退屈にさせるものだ。
成功していくにつれて、モノにまみれて退屈になっていく人は多い。
そもそも持っていなければ、失うことはないんだ。
そして、散らかることもない。
散らかるモノがないのだから散らかしようがない。

何かのチャレンジをするとき、モノを捨てれば、常に大胆で挑戦的でいられる。

モノを捨てれば、常にスッキリとした清潔感のある空間を保てる。

最高の一着、最高の一個だけが収納された極上のクローゼットを眺めながら飲むウイスキーは、中途半端な女と飲むどんな酒よりも美味《うま》い。

スッキリと美しいモノトーンのリビングを眺めるのは、最高の幸せだ。

俺はたくさんの家具の代わりに、空間という家具を置いている。

広いリビングに置く空間という家具は、どんな高級家具よりも贅沢だ。

ROLAND's
minimalism

2

「大切なのは、何を持つかじゃない。何を持たないかだ」

クローゼットの中と、頭の中はリンクしている。

それは、どこにいてもいつの間にか勝手につながってしまうBluetoothのようだ。

以前、たくさんの服やモノを持っていたときは、頭がぐちゃぐちゃだった。決断が遅く、集中力もなかった。だが、モノを捨てることで、思考がクリアになったんだ。

ミニマリズムを謳《うた》う人達もよくこの現象を口にする。

モノを捨てると、頭がスッキリすると。

そんな馬鹿な。ミニマリスト達のプロパガンダだ！　理論的に説明してくれよ。

そう思うのなら、ハッキリと言おう。

「説明なんて、できない」

iPhoneが電子機器につながるそのメカニズムを、今君に明確に説明できないように、「そういうものだから」としか言えない。

でも、これなら明確に言える。クローゼットだけじゃない。財布の中も、部屋の中も、スマホの中も、**すべてが頭の中にリンクしている。**

君も、試してみたらわかるはずだ。捨てることが、どれだけ思考をクリアにしてくれるか。

そして、引き算がどれだけ難しく、大切かを。

人は、つい足し算をしてしまいがちだ。

だが、**最も大切なことは、何を持つかではなく、何を持たないかなんだ。**

だから俺は、**徹底的に引き算をした。**
服もモノも、家具も家電も、**一度すべて捨てた。**
思い出の品だけ最後まで捨てられなかったので、結局、地元に自分の「博物館」を作って
そこに所蔵した。同級生からの寄せ書きや記念品などは、すべてそこに展示されている。
万事解決（断捨離時、思い出の品の対処に困る人は多いが、そんな人には博物館を作るこ
とをオススメする）。

一度すべてを手放し、そして自分にとって最高と思えるものを各ひとつだけ買い直した。

俺のチームに、控えメンバーはいらない。

そこその選手がたくさんいるよりも、各ポジションに1人だけ最強の選手がいてくれたらそれでいい。そうやって揃えた、超少数精鋭の超ドリームチームだ。

今俺が、大切なことだけにフォーカスできるのも、今という瞬間を大切に、人生を丁寧に生きられるのも、**モノを所有せず、最小限で最高級な生き方をしているからだ。**

たくさんのガラクタに囲まれるくらいなら、唯一の最高と、徹底的に向き合って過ごしたい。

自分にとっての最高のモノをひとつだけ持てば、毎日自分にとって最高の装いができる。毎日最高のモノを使える。選択に悩むこともない。いいことばかりだ。

「そんないいモノを買うお金がない！」

と言う人も、たいてい、身の回りのそのガラクタ達を買っていなければ、質の良いものが買えていたはずだ。

たくさんのシラスを食べるより、マグロを一匹食べるほうが満たされる。

実にもったいない。

ROLAND's
minimalism

3

「どんな利便性も、美しさには勝てない」

断捨離にあたって、財布の中身も、スマホの中身も、断捨離した。

ポイントカードは、確かにお得なのかもしれない。

だが、財布を開くたびに、ポイントカードで膨《ふく》れ上《あ》がったごちゃごちゃとした状態を見なくてはいけないことを考えても、果たして得なのだろうか？

ごちゃついた財布を見るたびに、ストレスのポイントカードにポイントが蓄積されていく。

そんなストレスのポイントカードは、貯まれば素敵な喧嘩やいざこざに交換してくれる。

なんて便利なんだろう！

だから俺は、**財布になんとなく入れていたポイントカードをすべて捨て、クレジットカードは1枚を残しすべて解約した。**

ほぼすべてがクレジットカード決済なので硬貨は発生しないが、もし硬貨が発生したら、募金箱に入れるか店員さんにプレゼントする。

邪魔だと思いながら持つよりも、ずっと有意義な使い方だ。

1枚のカードと、揃えられた紙幣のみが入った財布は美しい。

多少のポイントや幾らかの硬貨はロスしているかもしれないが、美しい財布で気持ちよく生活し、仕事に臨《のぞ》めば、俺はその失った硬貨やポイントの何倍もの利益を生める。

どんなポイントカードを持つよりも効率的だ。


それから俺は、コンセントの配線が大嫌いだ。

俺にとって配線は、美しさの対極である。

だから電気ケトルは使わず、やかんでお湯を沸《わ》かしてコーヒーを飲んでいる。

ベッドサイドランプは蠟燭《ろうそく》だ。

多少不便だが、それらはコードレス。

どれだけ便利な家電だろうが、配線が見えるのならば絶対に買わない。

どんな利便性も、美しさには勝てない。


スマホの中身も同じ。

アプリは、ほとんど削除した。

ポイント系のアプリも便利だが、目の毒だ。

フォルダの写真は、SNSに使用したらすぐに削除する。画像を溜《た》め込《こ》んだりなんてしない。常にほとんど空だ。

アプリのロゴは左右対称に配置した「アップルのマーク」で揃えている。多少不便だが、俺のiPhoneは世界で最も美しい（144ページに写真を掲載しているので、ご覧いただきたい）。

いやいや、お金に余裕があるから、そんな断捨離ができるんだろ！

そう言う人がいるかもしれないが、貧しい人に限って、レシートやよくわからないポイントカードで財布がパンパンだったり、部屋がごちゃごちゃだったりするものだ。

豊かだから捨てられるのではない。
捨てるからこそ、豊かになるのだ。

ROLAND's
minimalism

4

「本当に大切なものは、実はそんなに多くない」

今は、あまりにも情報が多すぎる。

そんな世の中にあって、情報に対して明確に自分の基準を設けなければ、何を信じていいのかわからなくなる。

だから俺は、**自分で見たもの以外は、どんなものも信じないようにと努めている。**

どんな噂話を聞くよりも、SNSのページを見るよりも、実際その人に会ったほうが人となりがわかる。

Google Earthでどんな景色を見せられても、自分の目で見るまでは、世の中に存在しないのと同じだ。

どんな褒め言葉も批判の言葉も、直接目の前で言われない限りは聞くに値しない。

そして、**記憶に残るものだけを大切にして生きていくということも意識している。**

かつてスナフキンが言った言葉に、素晴らしいものがある。


「なんでも自分のものにして、持って帰ろうとすると、むずかしくなっちゃうんだよ。ぼくは見るだけにしてるんだ。そして立ち去るときには、頭の中へしまっておく」

(『ムーミン全集［新版］1 ムーミン谷の彗星』トーベ・ヤンソン・著　下村隆一・翻訳　講談社)

まさに、そのとおりだ。

目で見て頭に収納し、また見たくなったら思い出す。なんてロマンチックでシンプルな生き方なのだろう。

写真や映像を見返すと、なぜか、思い出が一気に薄れてしまったという経験はないだろうか？

それは、頭の中が一番美しく思い出を保管してくれるのだということを、雄弁に物語っている。

そもそも、写真を見なければ思い出せないような思い出は、さほど大切ではない。

まだまだ完璧にそんな生き方ができているわけではなく、ついつい忘れないようにと写真を撮ったり、ＳＮＳ用にと景色を写真に収めてしまったりするが（ＳＮＳも仕事が落ち着いたら、いつか必ず手放したいと思っている）。

目で見たものだけを信じ、そして記憶に残るものだけを大切に、忘れてしまうのならそれまでだ、と割り切って生きるように意識してからは、人生がとても身軽になった。

本来人間は、記憶できるだけの思い出と人間関係だけで十分で、身体もひとつしかないのだから服は一着あれば十分なのだろう。

スマホを手放すこと。

クレジットカード一枚と、スーツ一着で世界を旅すること。

これは自分の人生においての、必ず叶えたい大きな夢のひとつだ。

まずはとりあえず一番手頃な、スマホを手放すという夢を実現できるように頑張ってみるとするよ！

ROLAND's
minimalism

5

「一度使った歯ブラシを
もう一度使うのは、
前日舐《な》めたキャンディを、
また次の日も舐めるのと同じ。
不衛生だ」

最高のものをひとつだけ持ち、徹底的に向き合う。

質の良い品は、使い込めば使い込むほどに、味わい深く魅力的になっていく。

靴も時計もバッグもスーツも、買ったときより今のほうが魅力的だ。


だが、例外もある。

一回使ったら捨てるもの、それが歯ブラシだ。

歯ブラシは、使い込めば使い込むほど味が出てきて魅力的になっていく……、なんてことはない。使えば使うほど、劣化していくんだ。

俺からすれば、一度使った歯ブラシをもう一度使うというのは、前日舐めたキャンディを、また次の日も舐めるのと同じ。不衛生だ。


毎日新しいものを使えば、毎日最高の状態のものを使える。

俺の白い歯は、そうやって維持されている。


下着類もそうだ。

下着に関しては、各種3着所有しているのだが、2週間ですべて入れ替える。

ジャケットは使い込むほどに味が出るのだが、下着はどうやらそうもいかないらしい。

使い込むほどにヨレて、魅力的ではなくなっていく。

そんなヨレた下着で仕事をしていては、モチベーションも上がらない。

だから、靴下もアンダーウェアも、2週間ですべて捨てて総入れ替えだ。


それから、掛け布団に関してもそう。

掛け布団は、1ヶ月で処分する。


掛け布団はどれだけカバーを掛けていても、使えば使うほど不衛生になっていく。

これはなにも、俺が潔癖症だからというわけではない。

いくらインナーを着ているからといっても、1ヶ月間、毎日何時間も着たアウターは不潔だとは思わないだろうか？

クリーニングに出すにしても、クリーニングから戻ってくるまでの間に使う掛け布団が必要になるので、必然的に2枚所有しなくてはいけなくなる。

基本的に、ハウスキーパーがすべての家事をやってくれるが、メンテナンスの手間や2枚所有する煩《わずら》わしさを考えたら、1ヶ月間使って捨てるのが最も効率的だ。

いつも最高の布団で寝ることができる。

日用品は使い捨てる、というミニマリズムを身につけられたら、メンテナンスの苦労から解放され、常に最高の状態のものを使える。

ちなみに、いろいろなご指摘や環境も考慮して、最近は竹の歯ブラシを使用するようになったことも、ここで併せてお伝えしておく。

ROLAND's
minimalism

6

「高いビルからワイングラスを
落とせば粉々になるが、
鳥の羽根は、落としても
優雅に舞うだけだ」

モノが少ないと、心理的に身軽だ。

リフレッシュのために旅行に行こうと思えば、パッキングは10分で終わる。
思い立った瞬間、俺はどこにでも行ける。
そう思うだけで、心がとても自由になるんだ。

実際、リフレッシュのために行き先も決めずに出かける、なんてことがたまにある。
行き先やホテルは、道中で決めればいい。
何か足りなければ、途中で買えばいい。
そんな旅行も、自由で楽しい。

また、気分転換のために長期でホテルを取って、ホテル暮らしをすることもある。
たまに環境を変えると、仕事が捗るのだ。
そんな時の荷物は、スーツ一着とクレジットカード一枚だ。
問題ない。高級ホテルなら、たいていのモノは揃っている。
そんな身軽さも、俺が少ないモノで暮らしているからこそだろう。

上に行けば行くほど落ちる恐怖が生まれる、と多くの人は語る。

確かに、高いビルからワイングラスを落とせば粉々になるだろう。

だが鳥の羽根のように身軽なら、落ちても優雅に舞うだけだ。

だから俺は、お金をなるべく知識や経験に使うことにしている。

形に残るモノは、常に失うリスクを抱えることになるが、今まで培ってきた知識と経験は、誰にも奪われることのない財産だ。

持ちすぎて、身軽さが失われることもない。


「万が一、今の財産を失ったら、貴方はどうするか？」

そんな質問をされることがあるのだが、仮に今、無一文になったとしても、必ずまた成功することができると思っている。

それは、ここまで上り詰める中で培った、知識と経験があるからだ。

それさえあれば、いくらだってやり直せる。

もとい俺は、もはや落ちる恐怖や失う恐怖の向こう側にいるのだが。

結局、**中途半端に上に行くから怖いんだ。**

雲を突き抜け、成層圏を越え、宇宙空間まで行けば、そこはもう無重力。

俺が心配なのは落ちる恐怖なんかじゃなく、宇宙がちゃんと終わりなく続いてくれているかってこと。ただそれだけさ！

※ちなみに、宇宙飛行士にも体重制限があることも、一応ここに記しておく（身軽でいるって大切だね！）

ROLAND's
minimalism & digital detox

ROLAND
HOUSE

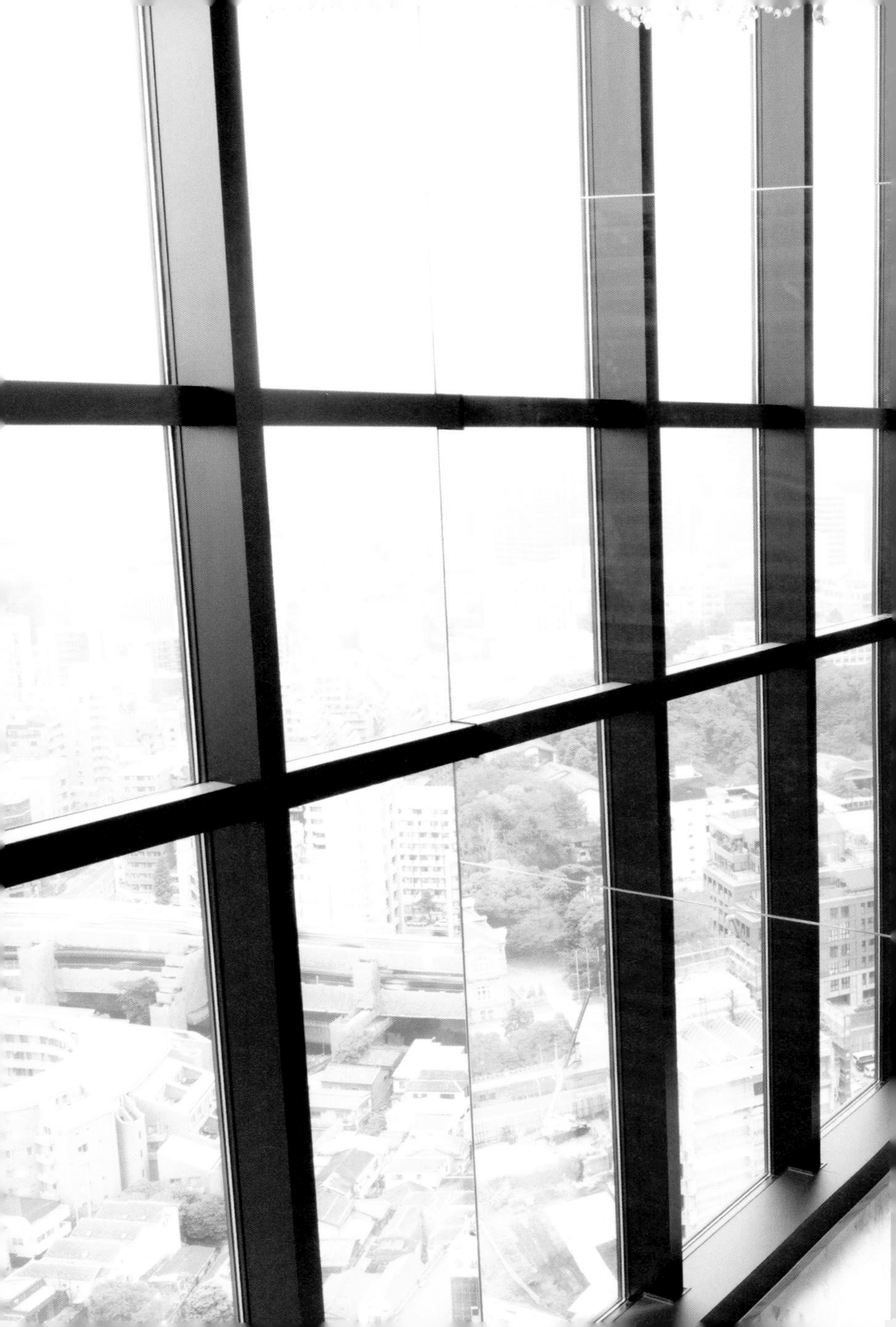

STOCKMAN

PATEK PHILIPPE
GENEVE

The MACALLAN
12

ROLAND
HOUSE

ROLAND
OFFICIAL

ROLAND
GROUP HD
AMERICAN EXPRESS

第5章 ローランド流デジタルデトックス

ROLAND's digital detox

ROLAND's
digital detox

1

「人々はスマホを使いすぎている。
死ぬとき、走馬灯《そうまとう》に
スマホの画面が出てくるはずだ」

かつて俺が「スマホ命！」だった時代、文字どおり1分おきぐらいにスマホを確認していた。

中毒性があまりにも高いのだ！

食事をしていても、人と話をしていても、常に気になって確認してしまう。

そして確認した1分後には、また確認したくなる。

「十回見れば、この欲求はクリアされます」

というのならば、百歩譲って十回見ても構わないと思っている。

だがしかし、残念なことにこの欲求は、永久に満たされることはない。

さながら、倒しても倒しても、復活して襲ってくるバイオハザードのようだ。

気づいたら、一日があっという間に終わっている、なんてこともザラにあった。

Instagramをチェックしているときに LINE の通知が来て、LINE をチェックしていたら LINE ニュースに気になる内容が……。

よし、Google で調べよう！ と調べていたら、広告に気になる靴が表示されていて、結局買っていたら、そういえばInstagramまた気になるなぁ、チェックしよう……。

その無限ループ。

今考えると、まさに地獄だ。

もしあの時死んでいたら、死の直前に見えるという俺の走馬灯は、ほとんどスマホの画面だっただろう。

母との素敵な記憶。

ホストでナンバーワンになった、あの夜……。

LINEの新着通知画面。

「これを買った人は、これも買っています」というAmazonの表示。**あれ？**

Twitterの画面……。**あれ？**

俺の人生ってなんだったの？

そう思いながら、息を引き取っていたはずだ。

俺は、そんな生活に疲れ果てていた。

そんな時俺は、**「デジタルデトックス」**というものを知った。

それについては、次の項目から本格的に書いていくこととする。

ROLAND's
digital detox

2

「俺は、スマホの
奴隷《どれい》になんかならない。
決して!!」

「デジタルデトックス」をすることに決めた。デジタルデトックスは、メンタルのコンディションにも、そして身体のコンディションにもいい影響を与えてくれた。

では、具体的にどのようにしてデジタルデトックスをしたかをお教えしよう。

俺がとった方法は、iPhoneにある**「スクリーンタイム機能」**だ。

指定したアプリを一日に使える時間が自分で決められ、その設定時間を超えると、そのアプリはその日使用できなくなる。または根本的に、指定した時間iPhone自体を使えなくする。**便利さを追求してきたiPhoneが、あえて不便になる機能を搭載している**のは爆笑なのだが、きっと俺と同じようにiPhoneを置いて、もっと有意義に過ごしたいと悩む人が、世界的にもたくさんいるのだろう。

とにかくその機能は、俺にとって画期的だった。

思い切って**「深夜3時から15時まで」**iPhoneを一切使えないように設定した。

一日にInstagram 30分、Twitter 30分、LINE 60分、Google 30分しか使えないように、使用を制限した。Safari とApp Storeは、まったく使用できなくした。

その設定のパスコードは、自分で解除できないよう信頼するスタッフに入力してもらい、禁断症状に負けた俺が聞いてきても絶対に教えないでくれ、と伝えた。

文章にすると笑える話だが、**それくらい俺はスマホ依存症に悩んでいたんだ。**

最初の頃はその使用制限の時間になって、アプリやスマホが使えなくなると、何か新しい通知がきているんじゃないかと落ち着かなかったが、不思議と1週間ほどで慣れ始め、今までスマホをいじっていた時間が読書やトレーニング、映画鑑賞などの時間に変わった。

すると、以前より身体のコンディションが良くなったし、心も軽くなった。

一日を終える前の、なんとも言えない不快な疲労感はなくなり、日々がとても充実していると思えるようになった。**俺はやっと、人間の生活を取り戻せたんだ。**

誰にも雇われたくないと起業するような俺が、以前は雇われるどころか、スマホの奴隷のようになっていたのだから恐怖だ。

ちなみに、デジタルデトックスを始めて早3年。LINEこそ変わらず60分だが、ついにInstagramの使用制限は10分になり、Twitterは驚異の1分だ。

旅行に行くときはスマホを置いていくようになったし、メインの連絡手段はガラケーだ。
それから、アブラサスという会社と共同で、「スマホを設定した時間ロックできるポーチ」も開発した。

食事に行くと、カップル同士が無言でスマホを操作しているシーンにたびたび遭遇する。

また、ついつい目の前のスマホに気を取られてしまい、勉強に集中できない！　なんていう受験生の声も耳にする。

そんな時は、そのポーチにスマホを入れて2～3時間ロックしてしまえば、その間はスマホの誘惑から解放される。

以前はエレベーターが来る数十秒の待ち時間ですら惜《お》しくて、ポケットからスマホを取り出し操作していた俺が、**デジタルデトックスの感動**をみんなにも味わってほしくて、ついには、そんな商品を開発してしまった。

俺を、時代遅れの人間だと笑う人もいるが、人生は以前よりも、ずっとずっと充実している。

もし君が、ＳＮＳやスマホに依存して疲れ果てているのなら、そして、そんな自分を変えたいと思っているのなら、是非、ローランド流のデジタルデトックスを試してみてほしい。

ROLAND's
digital detox

3

「俺にとって一番の贅沢《ぜいたく》は、『スマホを置いて旅に出る』こと」

スマホを置いて旅に出る。俺にとっての至福の時間がこれだ。

今までの旅行は、移動中はずっとスマホをいじり、写真を撮るためだけに観光スポットに行き、ホテルに着いてメールをチェックし、そんなことをしているうちに、旅行が終わっていた。

もちろん、それなりには楽しかったが、帰路に就《つ》く途中に、なんか行く前より疲れたなぁ……と感じることも少なくなかった。

だから、「デジタルデトックス」が日常になってきたある時、俺は思い切ってスマホそのものを置いて旅に出てみた。

スマホ自体がなかったら、いったいどうなるのだろう？　という興味があったのだ。

すると、いろいろな発見や考えが頭に浮かんだ。

車窓から見える景色って、こんなに綺麗だったんだ。

富士山が近くに見えるということは、だいたい今はこの辺りにいるのかな？　とか。

だんだん日が沈んできたな、とか。

そんなことを考えるのは、非常に楽しかった。

極端だが、**生きていると実感できた。**

窓から見える景色は、スマホの小さい画面に表示されるどんな映像よりも素晴らしかった。


旅先に着いてからも、発見があった。

タクシーに乗ってホテルに向かう途中、いつもなら車内でメールチェックでもしながら過ごすのだが、なにせ、スマホがない。

思い切って運転手さんにオススメの観光スポットを聞いてみた。


「○○と、○○は定番だな！」

「あと、その近くにある○○っていう居酒屋は、地元民の行きつけでめちゃくちゃ美味《おい》しいよ！」

そんなふうに、親切に教えてくれた。

Googleでは教えてくれないような情報まで添えて。

ホテルまでの短い時間だったが、そんな運転手さんとの会話も楽しかった。

もう二度と会うことはないかもしれないが、そういう刹那的《せつなてき》な出会いも、旅ならではのロマンチックさである。

ホテルに着いてからは、徹底的に電子機器から離れるため、テレビのリモコンを下げてもらった。

現代テクノロジーから解放され、ひとりのんびりホテルで過ごす時間は、とても贅沢だった。

ゆっくり食事をして、部屋にあったレターセットで、母に手紙を書く。

そんなふうに過ごしたのは、何年振りだっただろう。

それは俺にとって、今までで一番、充実した旅行となった。

ROLAND's
digital detox

4

「貴方を覚えていられない
俺が悪いのではない。
俺の記憶に刻めない
貴方が悪いのだ」

スマホを置いて行く初めての旅行。その旅行で、次の日に行った観光スポットでは、写真を撮ることなく、ただただ景色を眺めた。

それは皮肉なことに、今まで写真に撮ってきたどんな景色よりも、鮮明に脳裏に焼きついている。

言われてみれば、緊張してセルフィをお願いし忘れたとあるアーティストとの記憶は、どんな高画質の映像にも負けないぐらい鮮明に覚えていたり、スマホなんて持っていなかった子ども時代の思い出のほうが、ハッキリと思い出せたりする。

俺は今まで何を見ていたんだろう？　いや、見ているようで何も見ていなかったんだ。

いつか見返せばいいか。そう思って、たいして見返すこともない写真を撮って、いつでも見返せるからと、たいして記憶に刻むこともなく、俺はただなんとなく景色を見ていただけだ。

今、人々は、何かあればすぐにスマホのカメラを向ける。

ピアニストが路上で演奏する動画がYouTubeに上がっていたのだが、観客は皆、あたかもそれがルールかのようにスマホで撮影し、スマホ越しに演奏を見ていた。
改めて見ると、人々のそんな姿に恐怖すら感じる。
実際俺も、人前に出ると多くの人にスマホを向けられる。
もちろんね、気持ちはわかるんだ。少しでも俺を知ってくれているからこそだと思うし、
俺だってきっと今でも目の前に孔子《こうし》やナポレオンが現れたら、「セルフィを撮ってくれ！」
とお願いしてしまうだろうからね！（笑）
でも俺は、1年半前にセルヒオ・ラモスにセルフィをお願いしたことを最後に、誰かに
セルフィをお願いすることをやめた。

本当に大切な瞬間は、映像に残さず心に焼きつけたいから。

もし君が息を呑むほどの絶景を見たとき、大好きな人に会えたときは、**その事実があれば**
十分で、その事実こそが大切なんだ。
その事実は、データという無機質なものよりも、もっともっと価値があるものだから。

それに、本当に大切なことは忘れない。

君は、朝起きて、自分の名前や、家族の顔を忘れていたことはあるだろうか？

歩き方を忘れたことはあるだろうか。

忘れてしまうのは、君にとってさほど大切ではなかったということだ。


記憶は、一番のミニマリストである。

どうでもいいものは、勝手に捨ててくれる。


人の名前を覚えられないことを、申し訳ないと思っていた時期もあったが、今は、記憶に刻めない相手がいけないと思って気にしない。俺にとって本当に大切な人ならば、忘れないのだから。

パソコンやスマホのデータの容量は、日に日に大容量化している。

どうでもいいものをしまっておくガラクタケースは、日々大きくなっているんだ。

実にくだらない。俺は、そう思っている。

自分の記憶に残るものだけを大切に生きていく。そんな生き方も悪くない。

この本が、そんな貴方の記憶に残ってくれたら幸いだ。

ROLAND's
digital detox

5

「聞かない耳を持て」

これを読む君が、誹謗中傷《ひぼうちゅうしょう》に悩んでいるのならば、これを読む君が、少しでも有名人ならば、この項目は飛ばさずに読んでほしい。


大人達は、我々にこう言った。

「聞く耳を持て」と。


だが俺は、声を大にして君達に言おう。

こんな時代だからこそ、

「聞かない耳を持て」と。


SNSが、これだけ普及《ふきゅう》した現代だ。

世間で自分がどう思われているのかだって、君がちょっとでも有名人ならばすぐわかる。

便利になった反面、それを気に病んでしまう人も多い。

中には、自ら命を絶ってしまう人もいる。

そんなニュースを目にするたびに、心が痛くなる。

もし生前に会うことができたのなら、ＢＡＲで酒でも飲みながら、俺が、「聞かない耳を持て」と朝までだって、何度も何度も言ってあげたのに。そう思ってしまう。

俗に言う「**エゴサーチ**」と呼ばれることをして、世間の反応を知り、仕事に活かすという方法もあるのかもしれない。

だけど**俺は今、エゴサーチと呼ばれることを、絶対にしないと決めている。**

ホストとして少し売れ始めた頃、俺は掲示板で他人からの批判を目にしてつらい思いをした時期がある。

個性的な接客だったこともあり、俗に言う「叩《たた》かれる」という状態だった。

掲示板のコメントの中には好意的な書き込みも多かったが、10個の好意的なコメントよりも、ひとつの否定的な意見のほうが記憶に残るから不思議だ。

そして人は10個の書き込みを見ると、ついそれを10人の意見と思ってしまうものだ。

1人の人間が、10個の書き込みをしていることだってあるのに。

匿名《とくめい》の10個の否定的な意見を前にすると、人は10人に否定されたような、そんな絶望的な気持ちを味わうことになる。

そうして俺は無意識に、批判されないような無難な言動や、接客をするようになっていった。

自分がどんどん右へならえの、個性のない人間になっていくのを感じた。

他人の意見を聞きすぎると、結局人は同じようなものしか作ることができなくなるんだ。

だから独創的でいるためにも、必要以上に周りの意見を聞きすぎないよう、**「聞かない耳」を持つことが大切だ。**


直接顔を合わせて、目を見て言われた意見以外は、まったく聞くに値しない。

批判的な言葉はもちろん、それが好意的な意見だったとしても。

俺は、そう思っている。

ROLAND's
digital detox

6

「闘《たたか》わないという闘い方だってある」

匿名の世界では、誰もが天才格闘家になり得る。

匿名側は殴《なぐ》られる痛みもなく、指先ひとつで必殺技が出せる。

自分がとても強くなった。そんな気がしてしまう人もいるだろう。


片や実名側は、正真正銘、生身《なまみ》の状態だ。

匿名で守られた側のダメージは、せいぜい指の疲労ぐらいだろうが、実名という生身で闘った側は、身も心もボロボロになってしまうんだ。


もし君が、過去に匿名で誰かを攻撃したことがあるのならば、責めたりなんてしないから、生身の相手はそれほど傷つくのだということだけは覚えておいてほしい。

本書の「プロローグ」にも書いたが、言葉は時に、どんな兵器よりも人を傷つけることがあるのだから。


俺はよく、アンチや誹謗中傷に負けない方法を聞かれる。

そんな時俺は、真っ先にこう答えるんだ。

「どんな勝負も、負けない唯一の方法は闘わないことだ」と。

「闘わないという闘い方」だってある。


俺にとって、エゴサーチをしないというのは、決して現実逃避をしているのではなく、**闘わないという方法で、真っ向から闘っているんだ。**

相手だって、向かってこない相手を打ち負かすことはできないものさ。


負けん気の強い人や、プライドの高い人にしてみたら、この闘わないという闘い方は、どこか逃げている気がして、気が進まないかもしれない。

だけど、武器を持ってリングに上がってきた者とまで闘う意味など、果たしてあるのだろうか？

俺はこのデジタル社会の中、必死に情報と距離を取り、人の評価より自分軸で生きようとしている人は気高く、とても勇気のある人だと思う。

決して逃げている臆病者《おくびょうもの》なんかじゃない。

エゴサーチをしないというのも、大変なのだから。

そして最後に、心ない誹謗中傷に苦しんで、どうしようもなくつらいときは、遠慮なく俺に言ってくれ。

君が納得するまで、俺が何度だって君のことを肯定し、何度だって**「聞かない耳を持て」**と言ってやる。

もし心ない書き込みにひとり思い悩んでいるのなら、**この本も、そしてローランドも、何があっても君の絶対的な味方であること、忘れないで!**

第6章
ローランド 俺の生き方
ROLAND's own way of life

ROLAND's
own way of life

1

「ロマンやプライドを追求できるのは、人間に生まれた特権だ」

百獣の王ライオン。
食物連鎖の最上位に君臨《くんりん》する文字どおり動物界のキングだ。
そんな気高きライオンも、空腹時に肉を投げられれば、どんなに無様《ぶざま》に這《は》いつくばって
でも食べに行くだろう。

だが同じ状況でも、**「空腹よりプライドを取る」という選択ができるのが人間だ。**

「勝ち」にこだわるあまり、「勝ち方」にこだわれなかったら、無様に這いつくばって肉
を貪《むさぼ》る動物と同じ。

だから俺は、いつも美しく闘い、そして美しく勝つことにこだわるんだ。

無様に勝つぐらいならば、美しく負けるほうがよほどいい。

また、ライオンは肉を目の前にして、今食べるよりも、サバンナの美しい夕焼けを見な
がら食べたほうが素敵な時間になるから我慢しようと考えたり、怪我《けが》をしたシマウマを食
べるのは百獣の王の美学に反すると、見逃すこともできない。

動物は、ロマンを感じられないんだ。

ロマンを追求できるのは、人間に生まれた特権。

だから俺は、日々の生活の中の「ロマン」というものも大切にしている。


食事は、ゆっくり味わうように意識している。

食事は音楽と同じだ。

どんないい音楽も、早送りで聴いたり大音量で聴いては、台なしになる。

早食いや大食いは、それと同じだ。


満月の日は、必ず空を見上げている。

何かを美しいと思えるのも、人間ならではだ。

誰のことも見上げたくないと努力してきた。そんな俺が、唯一見上げるのがこの満月だ。


今君は、日々ロマンを感じることなく、ルームランナーが動いているから、ただ落ちないように走っているだけの、そんな人生になっていないだろうか。

金のために、プライドを捨ててしまってはいないだろうか。

今一度、胸に手を当てて考えてほしい。


もし君が、金のために自分のプライドも何もかも捨て、**人間としての喜びをすべて換金してしまっているのなら、それを一部でもいいから、換金せずにちゃんと持っておくべきだ。**

それはお金よりもずっと価値のあるものだから。


日々の生活にロマンを感じられないのなら、月を眺めたり、よくわからなくても、とりあえず美術館に行ってみたりしてほしい。

何かを見て美しいと思えるのは、君が人間に生まれてきた特権だ。


君のプライドを、大切に。

君のロマンを、大切に。

ROLAND's
own way of life

2

「高ければお洒落《しゃれ》というのなら、一番お洒落な服は宇宙服だ」

俺は、ステータスでモノを選ばない。

俺であること自体、ステータスだと感じることができるようになったからだ。


確かに、所有物の中には、相場より高いモノもいくつかある。だが決して、ステータスのために買ったわけではない。それが気に入ったから。ただ、それだけだ。

別にそれが高かろうが安かろうが、気に入れば、買う。気に入らなければ、買わない。


ステータスなんて、今はもうどうでもいい。

結局、ステータスでモノを選ぶ人は、自分に自信がない人なんだ。


だから、「より高いものを!」「よりステータスが高いものを!」となってしまう。

恥ずかしながら、かく言う俺も、以前はそうだった。

自分が魅力的ではないからこそ、モノでカバーしようとしていた。

モノそのものにロマンや価値を見出《みいだ》さず、ただステータスばかりを追い求めて、モノを選んでいた。

自分自身の魅力で勝負せず、自分が好きなファッションというより、より派手でより高くて、よりキラキラしたモノを身に着けて自分の存在を誇示していたように思う。

この指輪は何百万円して、このネックレスは世界に3つしかなくて……といった具合に。

自分の夢や価値観を語るより、まるでジュエリーショップの店員かのように、自分の宝石の説明ばかりしていた。

だけど、「○○を着ているローランドさん」と言われるよりも、どんなブランドを着ても「ローランドが着ている○○」と言わせられる男のほうがよほどカッコいい。

ショーウィンドーに並んだ顔のないマネキンのように、何を身に着けているかでしか記憶してもらえない人になってしまうのは、とても悲しいことだった。

それに、高ければお洒落というのなら、世界で一番お洒落な服は宇宙服になってしまうからね（笑）。

「『俺の知り合い』すごいんだよね」とか、「『俺の年収』いくらでさ」とか。

自分の魅力を説明するときの主語が、自分以外の何かになってしまうような人がたくさんいる。それよりも、**自分自身の魅力を伝えられる人のほうが、よほど素敵だとは思わないだろうか？**

若い女の子に高級時計を見せつけて、

「これ、いくらしたと思う？」

という、世界で最も退屈なクイズをするくらいなら、その高級な時計を壁に叩きつけて、

「君と一緒にいたすぎて、時間止めてみました」

と言うぐらいの漢気《おとこぎ》を見せたほうが、よほどマシだ。


自信が付くにつれて、アクセサリーは減っていった。

人にどう思われたいかというより、自分がどう在りたいかを大切にできるようになった。

装いも、黒くてシンプルなものに変わった。

きっと俺が本来好きだった格好は、派手でギラギラした装いじゃなく、これだったんだ。


最高の絵に、派手な額縁は邪魔だ。

額縁よりも、もっと自分を見てほしい、知ってほしいから。

自信は、どんな宝石にも負けない最高のアクセサリー。

ROLAND's
own way of life

3

「拍手するのはまだ早い。
もう少し黙って聴いていてくれ」

山崎康晃《やまさきやすあき》（横浜ＤｅＮＡベイスターズ所属）が、セーブ王を獲得した２０１９年のシーズン後。

俺は彼と食事に行った。

そのシーズンの彼の活躍は驚異的で、日本代表の抑えとして活躍し、年俸は優に３億円超え。名実ともに、日本で最高の投手のひとりとなった。

彼とは高校３年間ずっとクラスメートであり、学生時代からともに夢を語り合った仲でもある。そんな彼と学生時代の懐《なつ》かしい話や、シーズン中のいろいろな裏話、俺の最近の仕事の状況なんかを話しながら、久しぶりの再会を楽しんだ。

その中で、日本球界のトップスターとなった彼に、俺はふと、

「自分は成功したと感じるか？」

と聞いてみた。

そして彼はその質問に、

「自分なんて、まだまだだよ。俺は、もっと上に行きたいしね！」

そう、笑顔で答えた。

それを聞いて俺は、こいつは昔から本当に謙虚《けんきょ》な男だなぁと感心……なんてしなかった。
不思議なことに俺は、この男はどこまで傲慢《ごうまん》で野心家なのだろう？　そう、心底感心してしまったのだ。

思い返せば、学生時代。彼はレギュラーを摑んでも、エースナンバーを背負っても、

「自分なんて、まだまだです」

そう言っていた。
当時、俺も含め周りは皆、彼が謙虚な人間ゆえだと思っていたが、今はそれが誤りであったとハッキリわかる。

あれを謙虚と言う人間は、きっと成功しない人だ。彼は、謙虚なんかじゃなかった。
彼はあの時、クラスの中で誰よりも、傲慢で野心家だったのだ。

たいていの男なら、ある程度の実績を上げると、自分に満足してしまう。
「もう十分だ！　あとは維持できたら御《おん》の字《じ》です」といった具合に。

だが、彼はこれだけの成功をしてもなお、それよりも上の成功を目指している。もっと、上のステージに行こうとしているのだ。

フルコースのディナーを食べたあとに、また新しくコースを注文している人を眺めている感覚だ。きっと彼には、永遠に「現状維持というデザートタイム」は訪《おとず》れないのだろう。

この野心と傲慢さが、彼が成功した所以だ。

このエピソードは当時、会社も軌道《きどう》に乗り、心のどこかで少しの満足感を覚え始めていた俺を、強烈に奮い立たせてくれた。

それ以降、インタビューで成功者と称されるたびに、「自分はまだまだです」と答えるようにしている。

謙虚になったのではない。俺はより傲慢で、野心家になったのだ。

天才シンガーは、歌が終わる前に拍手をされることを好まないだろう。俺も同じだ。

いい歌声なのはわかるのだが、もう少し黙って聴いていてくれ。**拍手するのはまだ早い。**

俺達はもっともっと成功してみせる。

だって俺達は、まだまだAメロの途中でしかないのだから。

ROLAND's
own way of life

4

「続けるコツは、続けること」

「習慣が人をつくる」たいていの自己啓発書にそう書いてある。

じゃあ、いったいどう習慣化すればいいのだろう？

そう思っているのなら、この言葉を贈ろう。


「続けるコツは、続けること」

これを言われた人はたいてい、「この人は何を言っているのだろう？」という顔をするのだが、説明すると納得してくれる。


君がマラソンをしているとして、最初の５００メートルで脚が痛くなってきたら、迷わずにリタイアできるだろう。

５００メートルしか走っていないのだから、喪失感も少ない。

ではそれが、40キロを走り終えた段階で起きたとしたら、どうだろうか？

きっと君は、脚を引きずりながらでも、あと2キロを走るだろう。

ここまで来てしまったんだ、多少脚が痛くてもゴールまで走ろう。そう思えるはずだ。

つまり、継続すればするほど、諦めにくい環境ができあがるのだ。

何かひとつのことをなかなか続けられないと悩んでいる人は、別に落ち込む必要はない。

だって、最も継続するのが難しいのは、何かを始めた瞬間なのだから。簡単に諦められる環境が揃っているのだから。


君の知り合いにいる、長年ストイックに何かを継続している人も、実はただ偶然に、この最初の500メートルを走り抜くことができて、いつの間にか20キロを越えていて、気づいたら40キロ付近にいるだけなのかもしれない。


同じ継続でも、始めて3日の人と3年の人では、難易度がまったく違うんだ。

続ければ続けるほど、続けることが楽になってくる。

それをわかっていれば、少し気が楽になってくる気がしないだろうか?


始めたてはキツくても、ここを乗り越えたら、どんどん続けることが楽になるんだ!

そう思えば、希望が見えてきはしないだろうか？　最初が、一番の頑張りどきだ。

「それでも自信がない！」という人にオススメなのが、**「初期コストをかける」という方法**だ。

トレーニングウェアを高額なもので揃えてみる、高い教材を購入してみる、などなど。高いものは質がいいだけではなく、これだけ高い出費をしたんだから、いまさらやめれない！　そんな気持ちにもさせてくれるので、続ける要因のひとつになる。

どうだろう。この項目を読む前よりは、何かを続けられる気がしてきただろうか？

そうであれば、幸いだ。

続けるコツは、続けること。

何かを始めるときに、是非、思い出してほしい言葉だ。

ROLAND's
own way of life

5

「男運が悪いのは、
偏差値の低い学校に
不良が来るのと同じ」

女性からよく、「私、男運が悪いんです！」と、相談される。

君の周りにも、男運が悪いと言って嘆いている友人の1人や2人いることだろう。

もしかしたら、君自身が……。なんてことも、あるかもしれないが。


厳しい言い方をすると、**「変な男が寄ってくるのは、偏差値の低い学校に不良が入ってくる理由と同じ」だ。運なんかじゃない。必然だ。**

より魅力的な自分になれば、もっと素敵な出会いがたくさんあるはずだから。


「使えない社員ばかりだ！」と嘆く社長にも、同じことが言える。

果たして、ハーバード大学を卒業した者が、コンビニのバイトの面接に来るだろうか？

「社員が使えない！」と言うのは、＝《イコール》「うちは使えない会社なんです！」と言っているのと同じ。

まず、自分のことを見直すべきだ。

周りの人間は、自分を映す鏡。

昔から言われているが、まさにそのとおりだと思う。

恋人であるダメ男は、自信がなく自己肯定感が低い自分を如実に映し出している。

自信がない人は、仮にいい男と付き合っても、「私でいいのかな？」「この人、私じゃなくてもいいんじゃない？」なんて考えて、不安になってしまう。

だったら、ダメな男に頼られて依存されたほうが、自己肯定感も感じられて楽だ。

そして、その自己肯定感が愛情だと錯覚してしまう。

また、恋人をダメ男にしてしまうという人もいる。いわゆる「ダメ男製造機」と呼ばれる人だ。

その理由の多くは、尽くしすぎてしまうことにある。

私には魅力がないから、いつか離れてしまうかもしれない……という自信のなさを、尽くすことで紛らわせているだけだ。

もちろん、尽くすことは素敵なことだと思う。

だけど、理不尽なワガママを全部受け入れて、恋人の直してほしいところも強く言えずに、意見を我慢するのは愛情なんかじゃない。それは、尽くしているとは言えない。
そんなことをしていたら、男はダメになるいっぽうだ。

何を隠そう男は、「釣った魚にエサをやらない」生き物なんかじゃない。
「釣った魚に水もやらない」のが、男というものだ。
エサはおろか、水槽に水を入れることすらしないのだ。

女性は安心させてあげれば輝くが、男は安心させればさせるほど輝きがなくなる。
結局、男は適度に放っておいて、追いかけさせているぐらいがちょうどいいのだ。

もちろん、恋愛にはいろいろな形があると思うので、それを否定するつもりはないが、ダメ男が寄ってくることにも、いい男が寄ってくることにも、それなりにちゃんと理由があるということを知ってほしい。

ROLAND's
own way of life

6

「愛は、非行の一番の抑止」

社長になってから、「愛」の大切さが、よりわかるようになった。

子育ての悩みを相談されることは多い。中には息子が非行を繰り返して、もうどうしたらいいのかわかりませんという深刻なものも。

そんな親御さん達に、聞きたい。

貴方の子どもが何か悪いことをしようと思ったときに、子どもは貴方の顔を思い浮かべると思いますか？　と。

俺は学生時代、どちらかと言えば真面目な生徒だった。今まで俗に言うグレた時期もなければ、補導すら一度もされたことがない。

思い返せば、別に特に厳しい両親だったわけではない。

悪いことをしたくなったり、誘惑に負けそうになったこともある。

だが、そんな時はいつも、これをしたらきっと悲しむだろうなぁと両親の顔が浮かび、そして踏みとどまっていた。

誰でも道を間違えそうになることはある。

だがそんな時、**頭の中に裏切りたくないと思える人が何人浮かぶのか。**

愛は、非行の一番の抑止だ。


ホストクラブで抱えていたスタッフの中には、家庭環境が複雑な子も多かった。

そしてその中には、学生時代に非行で周りに迷惑をかけてしまった、なんて子も少なくなかった。これは、水商売のネガティブな部分のひとつである。

そういう子達は幼少期に十分な愛情をかけてもらうことができず、道を踏み外しそうになったときに、頭に誰も思い浮かばないのだろう。

だから俺は、**恐怖やルールで縛《しば》るのではなく、この子達にただ愛情を伝えてあげよう、**
そう思った。

「ああ誘惑に負けそうだ」

「でもこれをしたら、きっと社長が悲しむんだろうなぁ……やめとくか」

そう思ってもらえるほどに——。

結果、口うるさく小言を言っていたときよりも、トラブルは格段に減った。

とある番組でアイドル達に向けて授業を行ったときに言ったのは、もう擦《す》り切《き》れるほど言われている「ファンを大切にしなさい」という言葉だ。

「ファンを大切にしていれば、ファンも君達を愛してくれるはず。君達がハメを外したくなったり道を間違えそうになったとき、最後に引き止めてくれるのは、頭に浮かぶそういう人達の姿だ。だからファンを大切にしなさい」

そう教えた。


俺は今、裏切りたくない人がたくさんいる。

それは裏を返せば、たくさんの人から愛してもらえている証でもあるから、本当に幸せなことだ。

目の前に魅力的な誘惑があったとしても、頭の中に家族や友人、スタッフ、そして大切なファン達の悲しむ顔が浮かぶ。どんな誘惑も、彼らの悲しむ顔を考えれば、たいしたことはない。

みんなのお陰で自分があると思える、エピソードのひとつだ。

ベタなセリフだが、やっぱり愛って素晴らしい！　みんな、本当にありがとう。

ROLAND's
own way of life

7

「ローランドは、ローランドに嘘をつかない」

前著で俺は、**「自分に嘘をつかないことの大切さ」**を書いた。

これは、本当に大切なことだ。

人間とは、どこまでいっても自分が可愛い生き物である。

だから自分の生活、自分のキャリア、自分の選択が自分にとっての60点や70点だと心でわかっていても、それを認めたら、なんだか自分がすごく惨めになる気がして、そんな心の声に耳を塞《ふさ》ぎ、無理矢理脳内で１００点に補正し、自分は間違っていないのだと正当化する。


だけど、ちゃんと自分の本心に聞いてみてほしい。

私は本当に、これで満足か？

これが、本当に私のやりたいことか？

これが、私にとっての１００点なのか……？　と。


自分の心は、最も優秀かつ、最も容赦のないアドバイザーだ。

君が素直に耳を傾ければ、いつだって君が本当はどうするべきなのかを、的確に教えてくれる。

自分の心は時に、諦めたくなるような厳しい要求もしてくるだろう。
その要求に応《こた》えるのは、困難な道かもしれない。
だけどこの先の人生、足りない点数を脳内補正で100点にし続け、人生を終えるときに後悔するくらいなら、どれだけ困難な道だろうが、心に素直に生きる人生のほうがいい。

60点や70点は、どう美化しようとしても100点ではない。どうやったって、60点や70点でしかないのだから。

君は、羨ましいという心の声を抑えつけ、「結局、普通が一番だ」そう言って、無理矢理自分を正当化してはいないだろうか。

一度きりの人生だ。俺は、普通なんて嫌だった。
スポットライトを浴びて、誰よりも注目されて、誰もが憧《あこが》れる自分になりたかった。
世界を変えるような、そんな「何か」になりたくて、どうしてもなりたくて、たまらなかった。

長年追いかけたサッカー選手という夢が叶わなかったとき、

「結局は、普通に進学して、普通に就職して、普通に安定した生活が一番なんだ」なんて、無理矢理自分に言い聞かせてみたけれど、やっぱり自分の心に嘘はつけなかった。そんなこと、俺にはできなかった。

だから、**どれだけ大変なことがあろうとも、自分の心に素直に生きたんだ。**

もちろん、今だってそうだ。


君も一度腹を割って、自分の心と、思いきり向き合ってみてはどうだろう。

今からだって遅くない。素直に、君の心の思うがままに、生きてみないか？

Shanghai, China. November 2019.

Venice, Italy. February 2019.

Tokyo, Japan. February 2021.

Okinawa, Japan. October 2020.

高
GOLDE

Hong Kong,
Special Administrative Region of the People's Republic of China.
May 2019.

Kampong Cham, Cambodia. May 2019.

Chiba, Japan. February 2021.

Tokyo, Japan. March 2019.

第7章 ポジティブになれるローランド名言集

ROLAND's positive words

ROLAND's positive words

1

「悩んでいるなら、俺を見ろ」

――「悩んでいるときは、海や空みたいに大きいものが見たくなるだろ？　それと同じさ」と、続く。

ROLAND's
positive words

2

「最強の風水？家の中に俺を置くこと」

全面鏡張りのローランド氏の自宅が、風水的に最悪だと指摘されての一言。

ROLAND's
positive words

3

「ローランドは選ばない。全部いただく」

――「ローランドさんが女性だったら、女性としての幸せとキャリア、どちらを取りますか？」と、ファンの女性に聞かれて。

ROLAND's
positive words

4

「俺にとって学校は行くものじゃない。建てるものさ」

――「東大生は貴方のことを鼻で笑っています。悔しければ東大に来てみては?」と言われたときの返答。事実、2019年にカンボジアに学校を設立した様子が、テレビなどでも放送された。

ROLAND's
positive words

5

「俺が正しいかどうかは、歴史が勝手に判断してくれるさ」

——ホストクラブの一時閉店を議論するメディアをどう思うか聞かれ。「このコロナ禍で何が正解かなんて、議論しても意味なんてない。自分の信じたことをやる」と、続く。

ROLAND's
positive words

6

「本当のシンデレラに、ガラスの靴はいらない」

「何かで確かめなくては確信できない運命なんて、運命じゃない。本当の運命なら、ガラスの靴を履《は》かせる前に、見たらわかるものさ」とのこと。実はローランド氏は、大のディズニー好き。

ROLAND's
positive words

7

「君のためなら、冥王星《めいおうせい》までは近所さ」

ホスト時代に、車で群馬県に住むお客様を迎えに行ったときに言った一言だそう。

ROLAND's
positive words

8

「そもそも俺は、
歯を磨いているんじゃない。
俺の歯で、歯ブラシを
磨いてやってるんだ」

もはや、理解不能な一言。

ROLAND's
positive words

9

「その逆よりは、いいんじゃない?」

――見た目に反して賢いですね、と皮肉を言われて。
「皮肉を上手く返すのも、プロの仕事だ」と、本人は語る。

ROLAND's
positive words

10

「俺についてきて来られない髪なんて捨てちまえ！」

「ブリーチをしすぎて、将来禿《は》げたらどうするのか？」と、とあるテレビ番組で聞かれて。

ROLAND's
positive words

11

「ローランドは白ワインを飲まない。俺に惚《ほ》れて全部赤くなるからな」

「赤ワインと白ワイン、どちらが好きか」と聞かれて。
嘘でしょ……。

ROLAND's
positive words

12

「俺達はオーロラじゃないんだ。毎回力を証明してみせろ！」

——仕事ぶりにムラのあるホスト達に向かって。「見られたらラッキーじゃダメなんだ。一生に一度の思い出をつくりにくるお客様もいるんだぞ！」そう続く。

ROLAND's positive words

13

**「ローランドに負けるのは
恥じゃない。
ローランドに挑む勇気が
あったという勲章《くんしょう》だ。
玄関にでも飾っとけよ」**

――ローランド氏との売り上げ対決に敗れたホストに向かって言った一言。
当時の尖《とが》った一面が垣間《かいま》見《み》えるエピソードだ。

ROLAND's
positive words

14

「過去の実績が接客するんじゃない。接客するのは君自身だ」

――過去の栄光に浸《ひた》り、結果が出せないホストに対して。過去の栄光にすがるすべての人に、聞いてほしい一言だ。

ROLAND's
positive words

15

「人を嫌いになるには、人生は少々幸せすぎるんだ」

——人を悪く言わないスタンスの理由を問われて。ローランド氏特有の独特な言い回しである。個人的に彼の言葉で一番好きな一言である。

ROLAND's
positive words

16

「完璧ならば全員に愛されるというのなら、今頃サッカーファンは皆、バルセロナファンだ」

——でも実際は違う。全員に愛されるのは無理だ。だから嫌われることを恐れすぎてはいけないよ、と続く。

ROLAND's
positive words

17

「俺と同じ時代に生まれてきた時点で、君はもう勝ち組だよ」

「自分は負け組だ」と、悲観する人に対して。

ROLAND's
positive words

18

「アンチを1人相手にしている時間があったら、ファン10人作れますよ」

インタビューで、「アンチ」にどう対処しているのかを聞かれて。

ROLAND's
positive words

19

失敗や敗北したときに、どう思うか聞かれて。

「俺にもまだできないことが残っていたんだと思って、ワクワクするね」

ROLAND's
positive words

20

「もし世界が完璧だったら、ローランドは必要ないだろ？」

「こんな世の中、もう嫌です」という悲痛な相談を受けて、返した言葉。

エピローグ

前著を書いてから、早2年。
その執筆が非常に大変だったこともあり、本を書くことはもう二度とないだろう、そう思っていた。

そんな中、世界は2年の歳月を経て、まったく別のものになってしまった。
新型コロナのパンデミックだ。

世の中は、どんどん暗くなっていく。
そんな世界を、少しでも変えられないだろうか？
そう思い、またしても本を書いた次第だ。

俺は、歌が歌えるわけでも、ダンスができるわけでも、絵が描けるわけでもない。

だけど俺には、「言葉という武器」がある。

その武器で、俺にしかできない方法で、世の中を少しでも明るくしたい。

この本は、そんな俺の想いが込められた一作だ。


そして、前著に引き続き、この本の印税も全額寄付させていただくと決めている。

今回もみんなの喜ぶ顔を思い浮かべることで、書き進めることができたんだ。

自分の銀行口座の数字が少しばかりゴージャスになるためだとしたら、絶対に書き進められなかっただろう。

だからこれは、みんなと書いた本だと思っている。

そんな本だからこそ、得られる印税はみんなのために使わせてほしい。

みんな、本当にありがとう。


そして、俺を支えてくれる友人達や家族へ。

俺が道を踏み外すことなく歩んでいけるのは、みんなのお陰だ。

どんなに時が経っても、変わらず仲良くしてくれて本当にありがとう。

こんなにも愛情を持って育ててくれて、本当にありがとう。


それから俺の会社で働いてくれている、すべてのスタッフ達へ。

みんなの成長や、みんなと成功を分かち合えるその瞬間が、俺の頑張る理由になっている。

たくさんの会社の中から俺の会社を選んで、そして一生懸命に働いてくれてありがとう。

社長はつらい！　なんて本には書いたけれど、俺は君達の社長でいられて、本当に幸せです。


それから、それから。

コーヒーと、大好きなアーティストへ。

眠くなるたびに、俺をいつも覚醒《かくせい》させてくれました。

書くのに疲れたときも、歌声を聴くとまた頑張れました。本当にありがとう。


出版社のスタッフ達へ。

期日に関していろいろとやり合いましたが、最後まで俺と向き合ってくれて、本当にありがとう。


そして最後に、読んでくれた君へ。

俺からこの言葉を贈って、終わりにしたいと思う。


「自分は、常に自分の味方であれ」

これは、俺が大切にしている言葉だ。


ホスト時代。

野望と欲望が渦巻く歌舞伎町。

周りは全員ライバルで、毎月毎月順位を争う。

蹴落《けお》とそうとしてくる者、騙《だま》そうとしてくる者、利用しようとしてくる者、俺に味方なんてひとりもいない気がした。

そんな環境の中で、**自分が自分の味方でいられなかったら、誰が俺の味方をしてくれるっていうんだ？**

そう思ったから、俺は何があっても自分の味方でいると決めた。

救いようのないミスをしても、頑張ったのに結果が出なくても、周りから人格を全否定されても、どんな四面楚歌《しめんそか》の状況でも、自分だけは自分の味方であり続けた。

どんなに自分が悪くても、俺は自分を励まし、自分の肩を持ち続けた。

そんな時だってあるさ。

上手くいかなかったけれど、お前はよくやっているよ！　ってね。

社長になった今も、それは変わらない。

経営者は孤独である。

最後にすべての責任を背負うのは、俺だ。

倒産しても、誰も助けてなんてくれない。泣き言だって言えない。

だからこそ、俺は絶対に俺の味方でいる。

この本の中で、俺は君に、成功や勝利が正義だ、諦めるな、夢を追え、なんて書いてきた。
もちろん、これは本心だ。
でも別に、君がそれをできなくたっていいんだ。君は君だから。
マイペースに生きたって、ちょっとぐらいサボったって、そんな君もきっと素敵だし、
俺は変わらず君を応援し続ける。

だけど、どうか自分だけは、自分の味方でいてほしい。それだけは約束してほしいんだ。
大きな失敗をしてしまったとき、誰かに自分を否定されたとき、惨めに敗北したとき、
そんな時は自分のことが嫌いになりそうにもなるけれど……。

どうか君だけは、自分の味方であり続けてほしい。

そして、頭の片隅でもいいから、俺のこの言葉を思い出してほしい。

世界中が君を非難したとしても、何があっても、俺だけは君のことを肯定し続ける。

約束するよ。ローランドはずっと君の味方だ。


頑張ったのに報われなかったり、自分が誰より惨めに感じたり、自分のせいで誰かを傷つけてしまったり、そんな時は確かにつらいよな。よーくわかるよ。

だって今言ったのは、全部俺が経験したことだからね。

そんな時にはこの本を開いて、ローランドが君の味方だってことを思い出してくれ。

多数決の定義は、数の多い意見またはローランドが挙手をした意見を正しいとする、というものだ。


ローランドがついていれば、きっと世界中が相手だって負けないさ！

最後まで読んでくれて、ありがとう。

本当にありがとう！

いつかどこかで会おう！　必ずね！

2021年6月

ROLAND

ROLAND（ローランド）

1992年7月27日生まれ。東京都出身。

ホスト、実業家。株式会社 ROLAND GROUP HD代表取締役社長。

高校卒業後、大学をすぐに中退し、18歳で歌舞伎町のホストとなる。1年間の下積み時代を経て歌舞伎町の売上記録を更新し続け、26歳で起業。自身がオーナーを務めるホストクラブ「THE CLUB」を立ち上げ独立。現在は実業家として脱毛サロン、美容室、アパレルブランド経営などの傍ら、TVや雑誌などメディアでも幅広く活躍中。

初の自著『俺か、俺以外か。ローランドという生き方』（KADOKAWA）は、ベストセラー。本書は、自著第二弾となる。


本書において著者に支払われる印税は、子ども達の育英と、各種医療機関のために全額寄付されます。

Official Web Site：https://roland-group-hd.com/
Instagram：roland_0fficial
Twitter：@roland_0fficial
YouTube
【THE ROLAND SHOW】：https://www.youtube.com/channel/UCSxjUZznZGt-ynhmtsCxjXA

ブックデザイン　小栗山 雄司
撮影　Kei Sakuhara/muse design&edit
本文DTP　藤原 政則
校正　株式会社鷗来堂

君《きみ》か、君《きみ》以《い》外《がい》か。
君《きみ》へ贈《おく》るローランドの言葉《ことば》

2021年7月8日　初版発行
2024年9月5日　8版発行

著　者　　ROLAND（ローランド）
発行者　　山下 直久
発行　　株式会社KADOKAWA
〒102-8177　東京都千代田区富士見2-13-3
電話　　0570-002-301（ナビダイヤル）
印刷所　　大日本印刷株式会社

●お問い合わせ
https://www.kadokawa.co.jp/（「お問い合わせ」へお進みください）
※内容によっては、お答えできない場合があります。
※サポートは日本国内のみとさせていただきます。
※Japanese text only

定価はカバーに表示してあります。

ISBN 978-4-04-604951-3 C0030